黨國治下的台灣草民史。

陳奕齊 著

過去的政治是歷史，現在的政治展演了歷史

■那煙火下拉長的背影

2005年某日，扯著低沉嗓音，長堅叔的《初戀日記》也就輕快地從手中的麥克風緩緩地流瀉而出。抑揚頓挫的流暢，看似有著曲水流觴的快意，但寫在長堅叔神情上的落寞，卻不見消褪。是啊，長堅叔的初戀早已如停格40多年的劇照，旁人只能透由長堅叔口中所道出並帶點斑駁的回憶觸感才能感知!!

染帶泛黃的，雖是那初戀的記憶，但同時也是長堅叔從布袋破落的經濟氛圍中，私奔高雄港碼頭，最後並以下半輩子情葬高雄的歷程故事。擔鹽、討海或揀蚵仔是三種布袋人典型的經濟活動，形而上的初戀滋味，終究難抵那形而下生活要求的具體想望，於是，從布袋鹽工轉進高雄港碼頭當苦力，成了告別故鄉初戀的進行曲。那是1960年代的某個夏天。

苦力到碼頭工人俗稱的轉變，預演著高雄港經濟活絡的現代記事。隨著高雄港碼頭的愈形現代化，一種以機械使用與管理制度爲表現的現代化制度，稀釋了碼頭原帶有某種農村勞動的習性和感覺。畢竟，早期許多農村勞動力輕易轉軌成高雄港碼頭苦力，乃在於碼頭那種有船有貨到再開工的勞力給付制度，與農村勞動的相對自由感覺多所雷同。就在碼頭引入了現代化的點名制度後，長堅叔氣憤於此種「沒工作也要點名，像當兵一樣蹧蹋人」的現代管理制度，而以離開碼頭作爲對此現代化管理制度的批判。

於是，在1980年代的地皮股票瘋與大家樂、六合彩狂的氛圍熱度下，離開碼頭的長堅叔構築了一個「黑手變頭家」的美夢，想像著與其被剝削不如自我剝削的創業美夢，開始幹起「殺肉」（廢五金拆卸）的自雇自營行當——從世界第一的工業垃圾集中地「大發工業區」批發廢五金進行拆解。「殺肉」事業的終結，訴說著「黑手不一定變頭家」，畢竟，黑手變頭家的美夢，只不過是少數成功案例並被吹捧放大的煙幕彈罷了，這美麗故事的背後則是，更多黑手變不了頭家的血淋淋現實。當黑手變頭家美夢破碎後，打零工成了長堅叔賴以爲繼的主要維生手段。而從小頭家想像到打零工的巨大反差，往往只能用時運不濟來保有那心裡頭僅存的溫度吧！

那天，在長堅叔的引領下，穿過熙來攘往的燈會人潮，向位於高雄愛河邊不起眼卻宛如長堅叔私房御花園的卡拉OK店走去，那是長堅叔僅存得以縱情恣意的處所。不斷劃破天際的愛河燈會煙火所灑下的亮光，卡通式地將長堅叔的身影給深深拉長，卻離奇地攤開了高雄的近代身世卷軸。從苦力、懷抱小頭家美夢的創業，到打零工的長堅叔身世，跟六、七〇年代工業化的高雄，八〇年代的地皮股票的投機高雄，至九〇年代以後停滯的高雄，彼此是那麼地相似；於是，愛河燈會的浪漫與短暫人潮的熱絡，卡拉OK中絢麗魔鬼燈旋轉下的身影，也就疊合成一塊。終於知道，高雄這些年的街景是變亮了、感覺是變浪漫了，但總還是驅散不了一種產業蕭條的氛圍，就如同魔鬼燈映照下的長堅叔肢體是變柔和了，卻也掩蓋不住長堅叔超過六十歲的身軀，翌日就得因逐工地而北上的事實。

就是會有點事，讓人不捨，讓人除了嘆氣，卻什麼事也做不了。於是，作爲只會拿筆的人，便興起了把此些屬於基層「草民」的故事紀錄下來的驅力。

■尋找記憶中的靈魂

過去這十年裡，有將近五分之四的日子都漂泊在海外。每每抽空回到台灣，除了政治紛擾之外，記憶中家鄉的人事物，總有些許變化。於是：「片片黃葉落在街頭，忍不住的秋……」的旋律，便往往隨著某種感傷而離奇地以記憶中的聲音，低吟徘徊在腦海耳際間，不曾離去，似乎是這些年生命經歷的主旋律呢。

2008年，高雄市公園二路「大五金街」的歷史及其文化，也正式躺平在歷史跟前了。這些年，與志同道合的一群朋友，不斷地在「五金街」採集屬於當地草民的口述歷史，並希冀高雄市政府能保留基層草民的勞動文化、高雄港區戰後的歷史等等……，讓市容美化跟歷史文化可以共生並存，但是，不意外的，屬於那基層草民的歷史過往與文化片斷，又再次從城市歷史的地景之中被抹除。

那天，屬於布爾喬亞（資產階級）的「綠色推土機」，呲牙裂嘴、張牙舞爪地剷除了原本應屬於普羅文化的空間——把一個用五金機械氛圍並用一雙雙黑手書寫下的，屬於戰後高雄工業城市歷史記憶的空間給驅逐出境。這一切，美其名是都市市容空間視野的「紳士化」（gentrification）過程，然而，背後卻是無靈魂的空洞。這種無靈魂宛如一種可怖的幽靈，讓布爾喬亞得以以城市空間爲經緯天地，恣意傲慢地發動對勞工階級領地的欺凌與侵略。

魔鬼一度住在天堂，沒見過魔鬼的人，遇到天使時也認不出來。那次，魔鬼披著天使的外衣，洋溢著和善幸福的笑容，又再次成功地扼殺清洗掉原屬於高雄市民共同的歷史記憶。魔鬼擅長用詩意的語言，讓人們失憶，以便遂行主宰統治?!

有時候你贏了，但其實你輸了。誠如電影《女人香》中，艾爾帕西諾所飾演的一位失明的退伍軍官，他在片中激昂地說道：「人生，會遇到無數的十字路口，每一次，我們都知道那條路是正確的，但我們從不選它，因爲我們知道，正確的路有多難走。」

這次，正確的道路又被略過否決了，畢竟，拆除，是多麼輕易跟廉價的選擇啊！據說，人死的時候會減輕21克——

或許這就是靈魂的重量。公園二路五金老街的走入歷史，對於大多數人來說，或許只是抽離記憶中的21克重量般，微不足道吧，儘管，這可能是屬於那記憶的靈魂?!

終於知道，那殘酷的事實是，歷史的詮釋與比重，根本是以權勢者的眼睛跟世界爲軸心所定義的。於是，個人方才知曉，對於「草民」故事與歷史的熱情，其實是源自於對爾等周遭那再尋常不過的人們，共同用歷史姿態所疊串起的生命經驗與記憶的傳承。那是屬於記憶裡的靈魂，彷如用轉世的方式，陪伴著往前踽踽而行的這一代人啊！

■讓「草民」歷史，成爲批判的武器

非洲有句俗諺說：「除非獅子有自己的歷史學家，否則關於打獵的傳說，一切的榮耀，都將歸諸於獵人。」這句話說明了，面對所謂的「歷史」，不同的視角跟立場，即將有不同的故事版本。然而，誠如美國資深廣播記者卡培爾（Ted Koppel），曾語重心長且一針見血地說道：「歷史是政客正當化他們意圖的工具。」儘管卡培爾的廣播節目，亦曾受到扮演「政府的傳聲筒」此種批評。於是，激越如馬克思，其在《德意志意識型態》中那種帶點率爾武斷，但卻充滿反抗力量的斷言：「任何時代的主要意識型態，都是統治階級的意識型態。」亦就有著鼓舞小民奮起的激進意義與作用。

奮起的小民，不僅可以對統治階級政權直接造反，當然也得在種種意識型態上的各種書寫中，跟統治階級的歷史與文化版本進行就地造反，而拉出一條屬於小民或「草民」（grassroots）爲主角的歷史故事與詮釋版本。受益於英國的社會史家以及法國年鑑學派那種以常民生活的經驗素材，本書便嘗試以主流黨國歷史書寫下缺席的各種事件和小民爲選取的主角，進行「草民斗膽」的歷史書寫，以及借用種種政經和社會分析的工具，進行草民歷史與經驗的呈現與對抗。於是，封建的卑賤字眼——「草民」（草芥之民），在對抗性脈絡下，亦就有了激越的對抗性與進步性。「草民」是在此種脈絡下，當成書名使用。

事實上，戰後國民黨統治台灣的歷史中，其所建構的「黨國」歷史除了在李登輝與隨後的民進黨執政年代中，受到一丁點的「以台灣爲舞台本位」之挑戰外，以「中原舞台」爲經，以「黨國本位」爲緯的黨國歷史書寫，在在都深刻地主宰著台灣當前的歷史書寫與思考展開。台灣當前的政治爭拗夾纏、國家認同的錯亂等等……，困擾台灣社會的幽靈，亦就屢屢藉助此種主流，但卻單薄片面的「黨國史觀」爲歷史藉口，讓武斷鄉曲的歷史版本跟想像，煞有介事地合法化當前台灣社會各種錯亂的政治行徑。

此外，縱使民主化後的台灣社會，某些「以台灣爲本位」的中心位移書寫而對中國國民黨黨國史觀產生挑戰，不幸的是，其往往卻也廉價地落入了有權勢者的定義軸線之中——儘管其身分以反對人士的姿態出現，各種以「草民」故事和主角而爲的歷史詮釋與書寫，依舊相當不足與欠缺。

美國學者庫利（Mason Cooley）曾帶點嘲諷卻不失眞確地指

出：「激進的歷史學家，已開始從火雞的立場觀點，書寫述說著感恩節的故事。」這嘲諷式的警句格言，某種程度地指出，不同立場與位置所書寫的歷史版本可能具有的相對性與對抗性。然而，必須指出，我們永遠不可能是火雞，因此，火雞自身看出的世界跟故事詮釋，爾等只能透由同理心地貼近理解以進行代言書寫。基於此，本書收錄的草民故事與歷史書寫，遠非作者企圖僭越並取代弱勢者自己的發聲，而毋寧是將一種所謂「他者關懷」的素樸意圖，在自身所學的政經與社會分析的工具平台上，進行政治經濟學與社會學式的操刀解剖。換言之，個人必須自承，本書所收錄的「草民」歷史與故事，是一種作者自己期待的社會科學式的歷史書寫，以「草民」歷史爲素材，對統治者的歷史及其詮釋進行對抗與炮轟。於是，本書是屬於草民的，同時，也是某種批判的社會科學式的。期待本書所載錄的「草民」歷史與故事，經由某種政治經濟與社會學批判的書寫重組之下，能有整體性理解過往台灣社會基層草民生命經驗的可能！

■走筆至此

本書所收錄的文章，大多完成於2006至2008年，並在個人的部落格上現身。許多文章的完成，首先必須感謝好友翁緯華在資料收集上的貢獻幫忙。同時，也必須感謝曾經接受訪問的蔡建仁老師，以及工人出身的工運分子顏坤泉。值得一提的是，蔡建仁老師是將個人對於基層「草民」的生命經驗及其素樸社會關懷，提升到具有政經與社會批判高度的主要啓蒙者，對此，個人感激點滴在心。此外，荷蘭萊頓大學的吳德榮（Tak-Wing Ngo）教授，其分析性與邏輯性的思考模式，一直挑戰著個人捉大放小的思維慣性與惰性，並逼迫著個人不斷地追問隱藏於細節中的魔鬼，於是，本書中的許多故事書寫會從「抽鑰匙聯誼」、「腳踏車」、「斬雞頭」等等……，看似雞毛蒜皮的故事切入，某種程度乃受到吳德榮教授的影響所致，在此一併感謝。

當然，感謝本書照片的諸位提供者：于長庚家族後人、柯坤佑、徐雄彪、胡耿豪、江怡萍、陳暐翔等，讓本書除了冷冰冰的文字外，也有照片可作爲參照。同時，必須感謝前衛出版社的林文欽社長以及林君亭兄，在本書付梓出版上的一切幫忙跟促成。

最後，在這些文字書寫的日子中，恰恰是摯愛的親人不斷遭受生命各種磨難，以及個人漂泊疲倦感不斷襲來的低潮時刻，每一篇文字都承載著當時種種低盪徘徊的情緒。儘管，個人許多的生命磨難依舊在進行式中，但從這些基層的「草民」或「庶民」的生命經驗覽閱中，對於個人當下的種種生命遭遇，也就學會去用一種「生命（一生的歷史）」的高度進行釋放。謹以此書，獻給剛剛離去的父親——那無怨無悔爲家裡每一分子付出的偉大父親！

2009.09.19于荷蘭萊頓

傑克老了……
記那消逝的單車故事

每當荷蘭冬天的腳步逼近，踩著單車在路上，總覺得手腳冰冷，身子骨怎樣也暖和不起來。尤其，當愛駒——傑克——「幾拐、幾拐」，「喀隆、喀隆」的聲響越來越大時，方才發現，原來愛駒早在這寒風的吹拂下，疲態和老態也逐漸地藏不住而外顯。冬天，昏暗的天色早早就在北國荷蘭的街頭上現身，再加上時常灰霾一片的天空，午後四點左右的光景，暮色與寒意往往就在街頭聯袂起舞著，騎車開燈每每亦就成了必要之事。但由於，愛駒傑克的車頭燈早不靈光，於是，為了避免被警察盤查車燈，往往得在「臨暗頭」（客語）前，驅車趕路回家以便躲警察和取暖祛寒。

開腳踏車燈的用意本是爲了「被看見」（to be seen）與「看見」（to see），並用以減少車禍之發生。因此，車頭燈早已不靈光的愛駒傑克，每每在荷蘭夜晚奔馳之時，總得小心條子的出沒，以免荷包失血。此一情景，讓人憶起過去，在台灣地景仍是充斥一片腳踏車的年代中，腳踏車車燈亮不亮，其實也攸關著荷包的故事。

■白晝查燈

早在1954年，台灣各地警察開始雷厲風行地掃蕩夜晚沒裝燈的腳踏車騎士。此一政策傳出後，日製的腳踏車「磨車燈」（dynamo light）的價格馬上水漲船高，從80元漲到110元之譜。而早在北京尚被國民黨稱之爲北平的年代中，當夜間警察查燈時，往往北京人即會用油鹽店或煙攤上購買的廉價紙燈籠，以克難的方式權充車燈[1]。

不過，落跑到台灣的國民黨政府，可就不允許如此克難之方式，甚至在大白天都會派員查察沒裝設磨車燈之腳踏車騎士，此一令人啼笑皆非的政策執行，眞可說是滑天下之大稽。話說，1954年6月24日，報紙報導了一則台中市警察「白晝查燈」的新聞，僅僅1954年6月20日當天即抓了千人以上，警方並抬出市警局規定：「日間車輛無燈不論停放或行駛，均依違警罰法之規定處罰銀元三元（一銀元等於三塊台幣）。」同時，台中市警局爲了要限期完成此項使命，於是開始了日夜大檢查。當然，市警局的說詞是，「白天既然沒有燈，晚上當然亦沒有」云云[2]，此類大腦發育不健全症，眞是令人噴飯絕倒！

此種無異於要求每輛單車都必須配備車燈的作法和思維，宛如強加每輛單車必須有一定規格制服，顯示出國民黨主政下的戒嚴總泛著濃濃的「制服癖」，連車輛都得規定配備磨車燈，縱使單車只在白天行走也得如此。如同，早

---

[1] 何凡，〈車燈問題〉，〔玻璃墊上〕專欄，《聯合報》，1954.01.21，第六版。
[2] 何凡，〈白晝黑暗〉，〔玻璃墊上〕專欄，《聯合報》，1954.06.26，第六版。

年在《聯合報》長期供稿的專欄作家何凡在其專欄〔玻璃墊上〕，即曾對此入人於罪之作法提出諷刺說：「中國古時有一位皇帝曾看一男一女偕行，即斷定其有『淫行』，左右驚問其故，皇帝說他們有『淫具』。」此則修改自三國蜀帝劉備與大臣簡雍的對話笑談[3]，足見當時國民黨政府之荒謬。一生奉獻給台灣外交的張超英也曾記述道：「……官方規定，騎腳踏車不能載人，遇有違規就抓人進去，連腳踏車也一併充公。警察局門口經常放著一大堆車。裝車頭燈並非像現在這麼簡單，非常昂貴……可以想見每部車背後載有多少民怨。」[4]

■車燈與車禍

當初警方堅持每輛腳踏車裝燈的理由，是爲了保護騎車人之安全。當年台中市某位老先生即對此「大有爲政府」、「人民褓母」的無微不至的呵護謬論感到可笑：「『將來恐怕連晴天也要穿雨衣呢！』其實，『晴天穿雨衣』也不見得沒理由，因爲『天有不測風雲』呀！警察愛護人民無微不至，說不定有一天會在『違警罰法』裡加上這麼一條，後來『加強執行，依限完成』，那時市民不但可免感冒受寒，雨衣業亦將爲之振興也！」[5]

---

❸ 參閱《中國笑譚》，台北：鴻穀圖書公司，2008。
❹ 張超英口述，陳柔縉執筆，《宮前町九十番地》，台北：時報出版，2006。
❺ 引自何凡，〈白晝黑暗〉，〔玻璃墊上〕專欄，《聯合報》，1954.06.26，第六版。

事實上，當年大力掃蕩嚴訂腳踏車裝燈的眞正理據，可能比較像是當前政府爲了稅收，遂於各大小不論危險或安全之路口，廣設測速照相以罰款當稅金收入，塡補空虛之國庫呢！畢竟，當年早有許多評論家指出，台灣的車禍肇事主角乃以汽車居多，且通常是「十次車禍九次快」，腳踏車根本鮮少成爲車禍發生中之主配角；況且，若要腳踏車車燈照明，爲何不願意先普設路燈呢?!記得，一位香港好友曾經提及，連1990年初首次到台北的印象，乃是到處都昏暗一片；可見，路燈不足的情事，根本是台灣各都市和鄉鎭長期的普遍問題。別忘了，謝長廷在高雄普獲好評的政績乃是扮演好「咖啡店長」與「燈控師」的角色，讓高雄從暗灰色調走向明亮而榮獲的啊！

根據刑事單位在1953年11月、12月對於車禍發生原因之統計分析中，此兩個月內，全省發生車禍270次，技術不佳和超速佔44.1%、行人不愼佔26.1%爲主要大宗，其餘原因則由機件故障、道路過狹與缺少路燈等爲次[6]。但當中事故原因中，卻沒有任何一件是由「腳踏車無燈」所引發。可見，腳踏車燈跟車禍沒有明顯的正相關。

話說回來，四、五十年前那個「大有爲」的國民黨政府連爲了對抗車禍，都可以搞得像軍事動員一般，因此，爲了減少車禍事故，當年軍事機關乃被交代得加強對司機的管訓之責。當然，軍訓單位介入司機駕駛員的控管，箇中原

❻ 引自何凡，〈防止車禍〉，〔玻璃墊上〕專欄，《聯合報》，1954.03.27，第六版。

因乃有汽車、汽油這類器材，可是蔣公大人整天嚷嚷反攻大陸的國防必需品呢，於是有「一滴汽油，一滴血」之說法（怎麼好像華人普存的性焦慮症「一滴精，一滴血」的坊間說法呢！），且汽車都仍得領「車輛動員委員會」（車動會）的編號才可上路哩。事後觀之，國共之間其實是那麼地高度雷同，當此間喊出：「一二三到台灣，台灣有個阿里山，阿里山上有神木，明年反攻回大陸。」彼岸就傳頌著：「三一三、三六九、九六三，騎紅馬過難關，三面紅旗，解放台灣。」

說到車禍，1969年7月某天，蔣介石照例驅車準備由仰德大道回其陽明山的公館時，發生了一件車禍，至此具有超人般強壯身子骨的蔣公，身體就開始每況愈下。此車禍讓蔣介石簡直嚇破膽，並下了一道「禁止車禍」的手諭。此道手諭，不知道是蔣介石英明愛民的表現，還是腦筋已經被車禍撞到「秀斗」，手諭可以禁止車禍的發生，那應該請蔣介石到世界去推銷「蔣手諭滅車禍、墜機、火車出軌」了喔。

■中華民國「萬萬稅」?!

不過，以前台灣百姓騎腳踏車上路前，得先繳交一筆牌照稅。此筆腳踏車牌照稅從1951年3月開始徵收[7]，直至1970年行政院的賦稅改革委員會，才向行政院提出廢除此

---

7 〈稅捐種類再度簡化．明年起僅餘十五種〉，《聯合報》，1951.10.07，第六版；〈腳踏車牌照．發現黑生意〉，《聯合報》，1952.01.23，第二版。

筆腳踏車牌照稅。當年，老蔣爲了厚植反攻復國大業之實力，可說是中華民國萬萬稅。因此，眼花撩亂的稅目在1952年經省議會簡化通過，並粗分爲十五大項，分別是：1.關稅；2.鹽稅；3.港工捐；4.所得稅（分成六大類且附有防衛捐）；5.遺產稅；6.印花稅；7.貨物稅；8.土稅（包括地價稅公糧及防衛捐）；9.營業稅（附有防衛捐）；10.房捐（由有房屋者負擔之且附有防衛捐）；11.屠宰稅（吃肉者負擔之）；12.使用牌照稅（附有防衛捐，由有汽車、人力、獸力、三輪車、腳踏車使用者負擔之）；13.契稅；14.筵席及娛樂稅（娛樂稅附有防衛捐，由顧客及看戲者負擔之）；15.戶稅（附有防衛捐，由有財產及所得者負擔之）等。

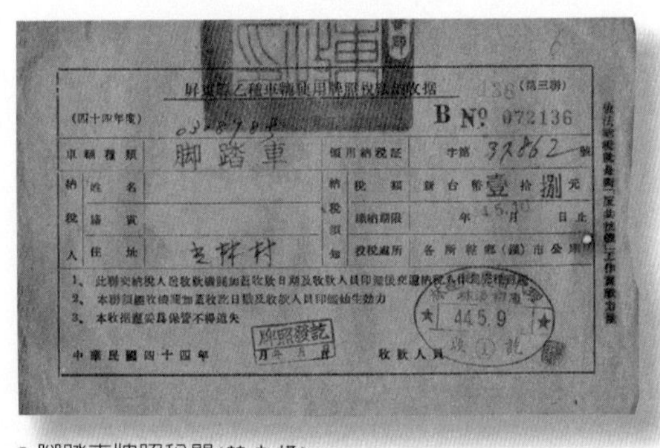
（第三聯）
（四十四年度）
B №. 072136

車輛種類	腳踏車	領用納稅証	字第 37862 號
納稅人 姓名		納稅須知 稅額	新台幣 壹拾捌元
籍貫		繳納期限	年 月 日止
住址		投稅處所	各所轄鄉（鎮）市公所

3、本收據應妥爲保管不得遺失
牌照發訖
中華民國四十四年 月 日 收款人員

●腳踏車牌照稅單(著者攝)。

以上十五大項稅捐中，有一項以「防衛捐」之名，塞進所得稅、地價稅、契稅、營業稅、房捐、娛樂稅、使用牌照稅、戶稅、汽油費、電費、進口結匯等按照稅額裡頭，費額徵收辦法乃根據所得稅（附加30%爲防衛捐）、土地稅（附加30%）、貨物稅（附加20-30%）、戶稅（附加30%）、筵席捐（附加20%）、車輛使用稅（附加100%）、電燃費（附加30%）等。此非常態的防衛捐乃起於國民黨落跑來台之後，「省內軍需方面附加項目繁多，攤派辦法流弊頗大，於是訂定台灣省防衛捐徵收辦法」，於1950年12月送經台灣省參議會通過，1951年3月由台灣省政府公布實行。在蔣介石流亡來台初期，防衛捐收入數額爲政府僅次於菸酒專賣利益之外的第二大收入[8]。

在1950年2月，即蔣介石即將所謂的「復行視事」前的一個月，蔣介石找上黃少谷召集財政、經濟等大員，討論一下蔣仍能掌控地區的財政狀況，因此蔣中正檔案中有一個案由爲「總裁交議緊縮預算安定經濟支持戡亂案」的檔案中提及：台省防衛捐收入，每月不得少於新台幣2800萬元（銀元933萬元）。原本此一防衛捐，規定期限三個月臨時徵收他國罕有的所謂「戰時防衛臨時特別稅」，且訂有擬收期限年，但由於一延再延，終於成爲永久化的徵稅項目，最後竟使防衛捐變成中央財政經常的稅收泉源[9]。

由於此項防衛捐徵收，與相關法律不得以任何名義徵收附加之規定不符合，同時，此筆徵收大多拿來補塞國防軍事之缺口爲由，且收入又未列入中央之預算，再加上數額龐大，屢屢造成輿情譁然，甚至演變成中央和地方、立法與行政部門間爭議最烈之議題。此項爭議，迨至1961年1月1日起停徵方爲落幕。

此項防衛捐，說明著蔣介石打造的「戰時體制」，盤剝人民之烈。此種扭曲年代下的扭曲體制，讓中華民國「萬

---

[8] 參見韋端，〈「防衛捐年」的辛勤始末〉，http://www.stat.gov.tw/ct.asp?xItem=1513&ctNode=99。

[9] 于宗先、王金利，《台灣賦稅體制之演變》，台北：聯經出版，2008。

萬稅」成了一種歷史的幽靈，總在台灣人民上空盤桓不去，並讓後來減稅、縮小政府職能等等類似於新自由（neo-liberal）的政策，可以在台灣暢行無阻並幾近成爲不用討論之共識的歷史土壤之一。譬如，某次荷蘭某台灣海運公司的總經理，曾提及荷蘭政府對其個人所得的稅率課徵超過60%以上，可是此位台灣朋友，仍然無異議地接受此一國家從私人口袋中拿錢的作法。反觀，此舉若落在台灣，台灣輿情鐵定大譁，當前必須倚靠短視討好選民的選舉遊戲，方能組成執政政府的現實，一定會被「譁變」給轟下台。於是，不用訝異，當前台灣幾乎是舉世寰宇的低稅率現實，並以打造出一個不斷減肥（downsizing）的「小而美」政府潛在的對比，即是以前國民黨那個胡亂課徵並打造出「萬萬稅體制」的「大有爲」政府，爲主要想像的對立面。這也是爲何，後來民進黨挑戰國民黨的作法或口號，除了斬斷萬惡國民黨的黑金之手後的唯一想像，即是交給「市場」來安排。

1951年的腳踏車牌照稅一律36塊台幣，翌年1952年降低爲18元[10]。迨至，1960年代中後期，民間要求取消腳踏車牌照稅的聲浪開始出來。畢竟，單車牌照稅只有18塊錢戔戔之數，但繳稅民眾卻必須先將腳踏車拉至派出所檢查車燈，再至鄉鎮區公所辦理手續領取牌照，動輒耗費民眾半天以上之時間。若未於規定時間內繳納，額外滯納金又是另一筆支出。此外，若是稅務人員太過忙碌，或民眾有事忙碌耽

[10]〈上期甲種車牌稅．明日起開始徵收〉，《聯合報》，1952.02.29，第二版。

●早期腳踏車需要有車牌，並繳交腳踏車牌照稅(照片由柯坤佑先生提供)。

擱之時，一旦遇到稅務人員，則必須先把腳踏車留下並帶往有關機關辦妥納稅手續，再至稅捐處將車領回，而不得當場補稅了事。於是，一旦民眾認爲其鐵馬已經過於老舊，但卻必須折騰大半天的補繳稅手續，民眾往往會乾脆將舊車丟在稅捐處或公所，形成無主單車佔據廣場一隅，任憑日曬雨淋成爲廢鐵一堆，讓政府機關前廣場屢屢成爲腳踏車公墓[11]。

1969年年底，中央公職人員增補選國大代表和立法委員候選人競選活動上，每每就有候選人，提出省府必須儘速廢除腳踏車牌照稅的政見訴求。但事實上，由於使用牌照稅屬於地方政府的一項稅目，60%歸縣市政府、其餘30%由省府統籌分配，餘10%才留在省府使用，爲了避免衝擊基層政府之稅收來源，於是當年賦稅改革委員會在提出取消腳踏車牌照稅想法的同時，也建議將機踏車（機車）的牌照稅提高一倍。當年，機車分五類課徵使用牌照稅：（1）50西西以下的輕型機車每年90元，提高一倍爲180元；（2）51西西至

[11]〈台省府擬定車照稅新方案〉，《聯合報》，1968.08.18，第二版；〈台灣省政府建議中央修訂使用牌照稅法〉，《聯合報》，1969.02.01，第二版；亞敏，〈取消腳踏車牌照稅．將機車牌照稅提高〉，〔街談巷議〕，《聯合報》，1968.08.09，第四版。

125西西者135元，提高一倍爲270元；（3）126西西至250西西者180元，提高一倍後爲360元；（4）251西西至500西西者225元，提高一倍爲450元；（5）501西西至600西西者270元，提高一倍後爲540元。此項改革提出後，1970年台灣地區約計160萬輛的腳踏車，將可不必每年繳納18元，但現有45萬輛的機踏車，每年的稅額就要增加一倍。國民黨政府狡獪的是，社會上已有機車逐漸取代腳踏車之現象並成爲民眾主要交通工具。羊毛出在羊身上，不論如何，順水人情的背後，基層民眾仍都逃脫不了成爲「萬萬稅」的待宰肥羊罷了[12]。

從當年的腳踏車牌照稅的歷史看來，台灣還被稱之爲「遠東單車之邦」，足以跟歐洲北國荷蘭、丹麥相媲美。光是1954年，台北人口才六十多萬，但單車卻有十幾萬輛，大街小巷處處充斥著單車修理店與修車攤。「遠東單車之邦」的譬喻果若爲真，則單車如今像是以歷史凝結的方式繼續成爲今日荷蘭的地景之一，但台灣，卻早已成爲最不適合單車族奔馳的國度之一。歷史發展的殊異，讓台灣跟荷蘭在交通工具地景分道揚鑣，孰優孰劣、孰明智孰腦殘，一目了然啊！這裡頭亦反應出，台灣做起「美國夢」，意識型態一味地跟美國掛鉤，社會想像亦是亦步亦趨地跟隨美國腳步，而枉顧台灣地狹人稠多山的現實，而在交通道路建設上學起地

[12]〈省有關部門提出建議取消腳踏車牌照稅・機踏車稅提高兩倍〉，《聯合報》，1969.04.23，第二版；〈賦稅改革會初步決定，取消腳踏車牌照稅並將機車牌照稅提高一倍〉，《聯合報》，1970.02.16，第二版。

廣物博的美國，埋下了今日台灣交通建設私人化的弊病。當然，早年台灣的單車失竊率就像今日台灣機車失竊率一般，比起當前荷蘭單車失竊率，一點也不遑多讓。

■腳踏車換稻穀

●「富士牌」自轉車，在老一輩人心中可說是極品呢(照片由柯坤佑先生提供)。

由於，當年據說國產的腳踏車品質低廉，車頭燈更是不時從燈罩中，探出頭來「搖頭晃腦」一番，於是1954年年中，糧食局爲了增加糧食存糧，打算以進口日本腳踏車來換取農民手中的稻穀，原先打算進口兩、三萬輛，後來進口五千輛。據糧食局對外的說法：台灣農民仍然深信日本腳踏車品質較優。但由於在當年「進口替代」下，腳踏車乃屬禁止進口之產品，除了某些腳踏車零件准予進口外，整車腳踏車進口是相當困難的，必須經過特別審批，方能放行進口。

由於，早年國民黨政府透由「肥料換穀」、「分糖制」的政策，用不等價的方式將台灣農民手中的米穀和蔗糖，以較低之價格豪奪手中，並透由制度盤剝農民生產剩餘，將資源擠壓至工業部門，達致「以農養工」[13]（這跟國民黨宣傳「農業台灣，工業日本」以批判日本殖民政權的作法，其實如出一轍，台肥跟台糖就這樣被養肥，成爲當年的「金雞母」。），且可讓需糧孔急的國民黨龐大軍公教體系得以維繫，並打造出軍公教高度親藍的歷史土壤。曾任職國民黨工業委員會的技術官僚嚴演存，就曾在其《早年的台灣》一書中提及，龐大的軍公教國營事業有一重要歷史任務，即是養起跟隨蔣家來台的廣大軍民同胞們啊[14]。

再者，壓低糧價的同時亦壓低了工資，並在壓榨農業剩餘富潤的當口，將農業人口因為「環境來造成」擠壓成工業人口，因此農民「半離土，但不離鄉」的成為兼業者的比率一直居高不下，甚且埋下土地改革而來的，「農民離土又離鄉」往工業城鎮移動的移流故事[15]。這種移流離鄉背井的故事，潛意識地讓台語歌曲中思鄉懷舊，或以碼頭港口、火車站為場景的歌曲作為鄉愁抒發的表現[16]。當然，米糖的出口，亦為財政缺口賺進不少外匯，並得以進口各式工業設備。當年糧食局為催促農戶提早領肥施用，並鼓勵農戶儘量以現穀交換肥料，藉以把糧種源，穩定本省經濟，也特別

---

⑬ 參考劉進慶，《台灣戰後經濟分析》，翻譯：王宏仁、林繼文、李明峻，台北：人間出版社，1995；海聞，〈台灣戰後的經濟發展和農業政策的轉變〉，發表於《台灣的啓示：土地改革研討會記詳》，紐約東方新聞出版社，趙玉琪、文貫中主編，1992年。

⑭ 嚴演存，《早年之台灣》，台北：時報出版，1991年再版。

⑮「離鄉背井」的動力，遠非個人主觀即可驅動大規模農村人口往外流動。因此，結構因素或者更具體的國家政策使然，才是讓「安土重遷」的農民願意拔離服貼於土地脈動的雙腳，開始啓程。此種結構因素轉譯成白話，即是彷如台語歌曲《惜別的海岸》歌詞中：「……一切攏是環境來造成……」所溢出那種淡淡的無奈感所致。關於農民移流到都市打工的故事可以參見魏聰洲、陳奕齊、廖沛怡，《移民、苦力、落腳處：從布袋人到高雄人》，高雄：高雄市勞工局，2005。

⑯ 參見Jeremy Taylor, “Images of the Hometown: The Clash of City and Village in Taiwanese Popular Songs.”, pp. 72-87, Chime, No. 16-17.（European Foundation for Chinese Music Research）

組織了指導隊，會同農事小組長普遍訪問農家，進行至少315,000戶農家的訪查。

糧食局爲了擴大農民米穀的掌握，其實除了拿肥料跟農民換穀之外，棉布、打穀機、腳踏車等商品，都曾被拿來當成跟農民手中稻穀以物易物的標的[17]。當糧食局提議用五千輛日本腳踏車換取農民稻穀的提議提出，並得到工業委員會的首肯後，全國總工會、台灣省工業會、台灣區交通器材工業同業公會、台灣區橡膠工業同業公會、台灣區機器工業同業公會、台灣區製革工業同業公會、台灣區塗料油漆工業同業公會，及台灣省腳踏車商業同業公會聯合會等八單位的代表們，於1954年7月24日聯袂向台灣省省主席嚴家淦表達反對意見。可見，腳踏車產業背後的利益集團有多龐大[18]。

關於糧食局對於國內米糧的在意，從一個不可考的小故事可以得知。民國35年左右，麥克阿瑟原本希望台灣出口稻米用以援助當時物資奇缺的日本，不過此想法被當時的糧食局長李連春拒絕，後來美方派一特使到台灣，帶來美方的稻米產量統計，認爲台灣有餘力可以將稻米外銷，李連春看到統計數字，沒有否認數字，但要求對方看看國人的肚量。李連春安排美方人員隨同，到那個被台北馬神搞垮的南京西路圓環夜市中，在圓環內山東人開的賣饅頭、麵類的小樂園店

⓱〈交通器材工業公會·反對日自行車進口·盼糧局以米換省產車〉，《聯合報》，1954.07.20，第五版；〈採購日自行車·經濟部有表明〉，《聯合報》，1954.07.21，第五版；〈糧食局進口自行車之不當〉，〔聯合社論〕，《聯合報》，1954.07.21，第二版。

⓲〈八公會代表·昨向監院省府請願〉，《聯合報》，1954.07.25，第五版。

內，讓美方人員親眼看到一位山東大漢連吃九碗飯的情形，美方一見之下，認爲台灣可能也有糧食問題，取消要求台灣將稻米出口的計畫，李連春的機智，讓當時的圓環攤商相當佩服。糧食作爲蔣介石的主要戰備軍需品，可眞是斤斤計較啊！⑲

腳踏車的數量成長，也時常被拿來當成台灣農村和農民經濟改善的主要證據。因此，1958年10月25日國民黨宣稱的「台灣光復節」的日子上，省府主席周至柔就曾以光復初期腳踏車全省18萬輛，到1957年底已增加到101萬3千287輛；至於，收音機的數目來說，終戰前是10萬315架，到1958年6月底止，已增加到29萬8791架等民生消費品數字，以作爲本省政治經濟長足進步之表徵⑳。後來，省議員蔡錦棟議員在質詢時指責：「糧食局業務種類過分擴張，希望縮小範圍，專辦理糧食及肥料配銷兩項業務，其他不必要業務均予放棄，如白布、棉花、噴霧機、落花生、大豆、麥種、甘藷簽、食鹽，甚至腳踏車等，眞是無所不爲，有人譏糧食局是百貨公司、雜貨行，且每項業務均不達理想。」㉑

對糧食局長期單方面的用腳踏車和收音機的成長，作爲農村欣欣向榮之佐證，省議員許新枝就曾在1963年7月17日的省議會質詢上提出：「……至於農村收音機、腳踏車之增

⑲ 參見《戰後台灣糧政之研究——以李連春主持糧政時期爲中心》，魏正岳，中興大學歷史系碩士論文，2000。

⑳〈政治經濟教育．均有長足進步〉，《聯合報》，1958.10.26，第三版。

㉑〈省議員多人．續質詢糧政〉，《聯合報》，1960.07.30，第二版。

加，乃係由於人們追求享受的結果。如若干事業機構每年虧損達數百萬元，而該機構的董事長、總經理仍乘坐一九六三年最新型的小汽車、住豪華宿舍，難道彼等之享受即謂爲這些事業機構是賺錢？此與農民購買一部腳踏車或收音機，即爲農村經濟繁榮有何差別？」對此質詢，時任農林廳長張憲秋則答稱：「農村腳踏車與收音機之增加，固與文明發達、人民追求享受有關，但如非農村經濟繁榮、農民購買力提高，絕不能有如此普遍性增加購買的現象。」[22]

當然，省產腳踏車價格不及日產三分之一，且品質劣於日貨的普遍認識，亦被報紙評論家批評爲盲目崇拜外國貨的不健全心理所致，更進一步以缺乏民族意識爲指摘[23]。不過，《聯合報》專欄評論家何凡，亦不忘批評國內企業界普存的矜飾虛僞，並具體指出許多唯利是圖的本地企業，明知產品爲本國製造卻假冒舶來品商標，或者產品牌名以英文中譯、模仿外貨、本省製造貼上香港製造等等，以突顯消費購買背後之豪貴等心理，此些行徑皆是殖民地心理的反射作祟云云。同時，何凡更進一步抨擊，並扣上此一豪奢虛飾若是順應人心風俗以牟利事小，缺乏民族意識則事大，其破壞整個經濟建設及妨礙工業發展則事更大等……大中小帽子[24]。

但是，當年國民黨治下的台灣工業時常被批評爲「搖頭

[22] 〈許新枝議員提建議．改善農村經濟認應重視耕地面積減少．張憲秋予答覆說明〉，《聯合報》，1963.07.18，第二版。

[23] 〈崇拜外貨假冒牌名的可恥心理〉，〔聯合社論〕，《聯合報》，1954.09.27，第二版。

[24] 何凡，〈進口日車問題〉，〔玻璃墊上〕，《聯合報》，1954.07.23，第六版聯合副刊。

工業」，在在說明著當時工業產品品質的低落。誠如，早期出身美援會技術官僚的葉萬安，在某次演講中亦曾提及，國民黨剛落跑到台灣時的工業水準眞是差勁，因爲「該搖頭的不搖頭，不該搖頭的卻搖頭」。於是，該搖頭的電風扇不會搖頭，不該搖頭的電燈泡卻三兩下即左右晃蕩。通常燈泡一星期即不亮，迨至更換燈泡時輕輕一碰又亮起來，以爲銅套鬆了，想輕輕轉上，卻發現玻璃罩掉了下來。基於此，主持工業委員會的尹仲容爲了改良燈泡品質，規定凡是搖頭及劣質燈泡一律沒收，結果總共沒收了兩萬多個燈泡，集中到淡水河邊燒掉，以彰改善燈泡工業之決心[25]。因此，土製腳踏車車頭燈的品質爲何，其實從燈泡品質即大略可管窺一二。

後來，三陽機車的前身「慶豐行」在1953年第一期四年經濟計畫開始實施時，在獎勵發展本土工業時，慶豐行選擇了國內普及率最高的腳踏車零件來發展，同時挑上了困難度最高、資金需求較高的磨電燈，以避免過多競爭者。1954年，以慶豐行原有班底爲主，成立「三陽電機廠」，廠房租借人家的碾米廠，當作生產工廠的國內第一家磨電燈製造廠。三陽電機廠成立時，員工只有4人，廠房佔地四十坪，等到磨電燈開始生產時，員工增加到23人。1955年時，又有兩家磨電燈廠成立，1956年競爭者越來越多，爲因應磨電燈戰國時代的來臨，從業員快速增加到80多人，廠房也因不敷使用在附近租了四十坪的民房供裝配用。腳踏車裝燈的嚴訂

㉕ 參見葉萬安主講，「台灣經濟設計機構的變遷」演講記錄，中研院近代史研究所，1995。

政策出台（政策開始實行）後，也讓國內土著工業獲得了一個發展的契機[26]。

不過，話說回來，當年日製的腳踏車在民間風評仍舊是比台製品質好。2002年3月6日《聯合報》的高雄屏東綜合新聞中，曾經報導了已經95歲的屏東縣東港鎮民林有諒，至今仍對在民國四、五十年時購買的那輛「富士霸王牌」腳踏車情有獨鍾，且因爲保養有方，至今仍騎著「富士霸王」腳踏車到菜市場買菜和做運動，並驕傲地說著，其底下的富士霸王風火輪走過的路程「至少已繞過台灣十圈」[27]。

●老一輩的台灣人還是愛用日本「富士牌」的鐵馬，可說是「耐操、好擋頭」哩(照片由柯坤佑先生提供)。

說到日本腳踏車，就令人不得不聯想到高雄第一輛腳踏車擁有者——楊仲鯨，及其曾因騎鐵馬騎到反日的故事。位於高雄楠梓區右昌街223巷41號的楊家古厝是高雄市定古蹟，此一楊姓家族的祖先於康熙年間，自福建泉州南安移民落腳於右昌地區，繁衍至第三代之後，門楣光耀，一門出了六位文武秀才，直至楊家第八代的傳奇，則由楊亦安、楊仲

[26]〈「品牌故事」：三陽SYM全球趴趴走〉，《自由時報》，2006.04.16；林淑貞，〈台灣機車發展史〉，http://www.carsafety.org.tw/001/about_motor02.aspx。

[27]〈騎骨董單車．九五老翁買菜去〉，《聯合報》，2002.03.06，第二十版，高屏東綜合新聞。

鯨與楊清溪等三傑繼續接棒書寫[28]。其中楊清溪乃是台灣航空先覺之一，赴日本學習航空飛行，不僅成爲擁有首架私人飛機「高雄號」的飛行員，更因爲其於1934年11月3日（明治節，亦即明治天皇誕辰，爲日本四大慶典之一，兼爲「體育日」）當天，爲了向在台北帝大操場舉辦的「台北州聯合運動會」致敬，進行飛行表演，不幸失事，並成爲台灣史上首位殉難飛行員，英年二十又七[29]。據說，高雄市政府將於2010年在右昌一等飛行士楊清溪墓地所在之處，完成一座「飛機公園」以爲紀念。

其中，楊家第八代三傑中的老二楊仲鯨，其少年時光，即是以高雄市擁有腳踏車代步的第一人聞名，此乃其一生最念念不忘的光榮與體面時刻。話說某個星期天下午，楊仲鯨照舊騎著其高雄第一輛寶貝鐵馬在街上兜風，神氣十足好不威風，一個不小心竟將迎面而來的路人撞倒。就在楊仲鯨攙扶對方並連忙賠罪之際，此位受撞而氣急敗壞之路人，一手抓住楊仲鯨之衣領，一邊痛罵楊爲「清國奴」，並飽以老拳一頓才善罷干休。原來被撞倒的是一位日本警察，於是，據說這一由鐵馬車禍所招致的歧視痛罵與痛打，竟讓楊仲鯨的民族意識油然甦醒，並開始喚起同學協同抗日呢。後來，擁有高雄市第一輛鐵馬的楊仲鯨，不僅成了台灣第一位留美學

㉘ 照史（林曙光），〈右昌楊家三傑傳之一：里仁爲美楊亦安〉，《雄風》第七期，頁28-31，1974.07。

㉙ 照史（林曙光），〈右昌楊家三傑傳之三：台灣第一位殉難飛行士楊清溪〉，《雄風》第九期，頁24-29，1974.09。

生，日後更榮膺「中華民國」天字第一號當選證書的民選縣長[30]。

但是，鐵馬車禍記，不一定都得是這般的沉甸甸，有時可能也是輕盈浪漫篇章的開啓呢。話說，高雄碼頭擔任女工隊隊班長的吳阿媽，即曾有段被碼頭職災所延遲的愛情故事，最後在鐵馬車禍奇緣下以破涕爲笑的結局收場。

吳阿媽遲來的姻緣是碼頭延宕的，也是碼頭所賜與的。阿媽，讀過日據時期的國民學校，因此，算數與識字對阿媽而言都不算陌生。就這樣，阿媽當上了女工隊的隊班長。在阿媽二十多歲時，有次巡視出口糖裝艙作業時，發現堆放在貨船艙底的糖，因爲糖尚未冷卻，本身熱度造成層層堆疊的糖產生傾斜，阿媽情急下跑至船艙呼喊著工人離開艙底，霎時間，阿媽就已被九包糖壓在身上。此次的職業災害，讓阿媽整整休息了一年，同時，也讓外界對阿媽的生育能力開始有了八卦般的流言蜚語。春天還未開始，阿媽的姻緣似乎已呈現秋色景象了。

儘管如此，碼頭還是給了阿媽遲來的姻緣。是慣如往常般的清晨，阿媽騎著腳踏車巡視著碼頭，倏地，砰一聲，阿媽與迎面而來另一隊的碼頭工人，撞個正著，正是這一撞，撞出了阿媽一輩子的守候。那年阿媽已經三十三歲[31]。鐵馬，早就用它那勤懇不倦的雙輪，替我們老一輩的常民百姓

[30] 照史（林曙光），〈右昌楊家三傑傳之二：中華民國第一位民選縣長楊仲鯨〉，《雄風》第八期，頁29-32，1974.08。

[31] 引自陳奕齊，〈撞車姻緣記〉，收錄在《亞太勞動快訊》第八、九期合刊，2001。

寫下那泛著各種酸甜苦辣風味的小民歷史。

■交通工具vs.休閒：「小摺」風潮在台灣?!

時至今日，台灣經濟與道路發展過程中，是「以大車逐小車」爲主軸，於是腳踏車逐漸在台灣交通地景中消失。但是，社會各角落仍可以見到一些老人家踩著腳踏車沿街販賣小吃。基隆市信義市場即有一位超過八十歲的老伯伯江其旺，踩著腳踏車沿街販賣純手工製作的福州魚丸，據說口感

●「小摺」單車在機動車為主的台北市道路中穿梭，可說是險象環生。根據交通部運輸研究所研究指出，台灣一年單車事故死亡人數已經破百，且大多數是遭受其它車輛撞擊所致(胡耿豪攝於台北街頭)。

●台北市的單車專用道，通常受到各種車輛佔據而功能不彰(胡耿豪攝於台北街頭)。

●荷蘭單車騎士，只要根據交通標誌行進在路上相當安全(著者攝)。

●荷蘭單車交通標誌相當明顯清楚(著者攝)。

●荷蘭單車專用道標線(著者攝)。

● 台灣單車風潮的復興，是以休閒觀光為主(著者攝)。

● 高雄的單車騎士幾乎全身緊包，像極第三世界游擊隊戰士，或許以機動車為街頭主角的台灣社會，馬路真的如戰場一般得小心提防可能的危險(著者攝)。

風味絕佳[32]。於是，每每見著街上，具有腳踏車風味的腳踏車出沒的老年小販，食指味蕾便不自覺地大動了起來；那種食物宛如有歷史風味般，讓雋永的想像得以徜徉在那早已逝去的「古早」年代中哩。

儘管如此，在政治人物的推波助瀾與休閒風潮的帶動之下，在台北或高雄等城市角落中也開始見到一種新興的「小摺」單車出現，同時，每當假日，馳騁於街頭的「小摺」或各類休閒單車更是隨處可見。然而，當下此種「小摺」休閒風潮，與其說是四十年前台灣作爲遠東「單車王國」的再現，而毋寧說是一種特殊休閒風潮的產物——「小摺」成了某種階級和品味的表現。因此，街頭上的各種單車與駕駛騎士皆是全副配備，透過單車休閒的實踐，展演某種品味跟生活風格，以作爲中產或資產階級自信的展現。根據丹麥科學家在2000年所發表的研究報告中指出，每天騎乘單車上班的人，罹患重病或過早死亡的機率只有一般人的一半。這項進行了三十年的研究發現，愈是用力踩單車踏板健康情況愈佳，即使每天只騎十五分鐘也可顯著改善健康。

然而，當下台灣流行的「小摺」單車休閒風中，騎士造型每每是將自己全身緊包，或許是騎士們很聰明地感受到身旁環境的不友善！包括滿是機動車輛帶來的空氣汙濁、除了遠離郊區邊陲的單車道之外，在以機動車爲主的一般道路設計和發展中，踩騎單車依舊是危險的。是故，以全身緊包的

---

[32]〈福州阿公街頭販售福州丸廿載〉，《聯合報》，2003.11.21，B2版，基隆市新聞。

● 荷蘭單車功能相當多元，照片中是可前攜式小孩座椅的單車(著者攝)。

● 逐漸重現台北街頭的單車族(胡耿豪攝)。

方式，將自身從周遭環境中隔離才能避免，深怕作爲健康展現的階級自信和品味，受到汙濁環境的影響，讓踩單車的肺活量變成廢氣的吸入量，而導致單車休閒健身演變成罹病早死的難堪。

●荷蘭小朋友從小就跟家人騎單車上街(著者攝)。

根據高雄港務局副工程師林憲意，其曾在1949年在美國駐華安全分署，被送派至荷蘭進行爲期一年的海港工程考察，返國後林工程師在1950年寫下荷蘭生活的點滴中提到：「荷蘭國自稱是自行車最多的國家，但與我們台灣省相比，那還是小巫見大巫。」[33]由此可知，當年台灣相較起荷蘭，更是徹底的單車國度。只是，從後來的演變，讓與荷蘭土地和人口面積相去不遠的台灣，在交通、環境跟生態的發展理念上，選擇了親近於機動、引擎車輛的發展模式，招致台灣環境的每況愈下與惡劣。

以高雄爲例，近年在謝長廷與陳菊的努力下，城市單車道日漸普及，同時沿著單車步道的兩旁，從美化的角度而言，景致的確也變美變乾淨；然而，令人擔憂的是，許多在

㉝ 林憲意，〈荷蘭點滴（二）〉，《高港簡報》，第222期，1962.02.16，第二版。

●綠草茵茵之路邊草地，皆可作為大人帶小孩休息或野餐等棲息之用(著者攝)。

●荷蘭萊頓火車站前的地下「雙層單車停車場」(著者攝)。

地歷史跟人文景致卻在這種表面的美化下，逐漸地被拆除而蒸發消失。於是，弔詭地，當休閒單車儼然成爲風潮之時，缺乏歷史人文的空間場域可以讓思緒徜徉飛翔、欠缺文化生活故事的場景可以親炙浸淫的城市，單車休閒風是否會如同早年蛋塔風一樣，一旦熱潮退卻即有消失之虞呢?!事實上，唯有改變當前台灣城市內的交通運輸思維，讓單車成爲城市內移動的主要交通工具，而非休閒品味的表現，單車文化才可能再度深刻地銘刻於台灣的城市地景之中。

反觀，腳踏車在荷蘭幾乎可說是「國騎」，更是主要交通跟上班工具之一，可說是幾十年下來如一日。據說，連女王都是自行車一族。荷蘭人不僅人手一部，同時，也有許多人深怕愛車突然人間蒸發，或停放路邊坐騎的風火輪或椅墊就這麼不翼而飛，常常是上班騎爛車，假日休閒騎好車。畢竟，在荷蘭單車被偷，猶如台灣摩托車失竊一樣，是家常便飯。荷蘭單車的普及，不僅是因爲荷蘭舉國平原的地形，友善的陽光、

●穿著荷蘭傳統木鞋踩單車的中研院瞿海源教授(著者攝)。

●在荷蘭騎單車才是王道，是每一天生活的必備交通工具(著者攝)。

●騎單車送信的荷蘭郵差(著者攝)。

空氣、水和莫名角落簇擁的花草，在在都令單車騎士有著宛如郊遊般的心曠神怡。難怪，面積不過四萬一千平方公里的土地上，竟有著一萬七千多公里宛如微血管網絡般的單車道密布著。據2004年統計，荷蘭使用的自行車超過一千八百萬輛，超過人口總數，腳踏車真不愧是荷蘭「國騎」。

那天愛駒傑克「幾拐、幾拐」，「喀隆、喀隆」的聲響中所透露出的老態，讓身體儘管是處於在荷蘭的時空中，但思緒卻早已飛翔飄蕩回台灣過往早已消逝的歷史中。於是，當傑克往回家的路上挺進，想像卻離奇地穿梭在那我不曾駐足，但用吾僅有的想像貼近拼湊出的「古早、古早以前……」那是小時候，阿公跟我講古時的開場白……，這更是「傑克」幫我開啓那被封存在「時空膠囊」中的歷史，以及對當下台灣單車風潮再現的一些台荷對照與省思!!

2006.11.12，荷蘭萊頓

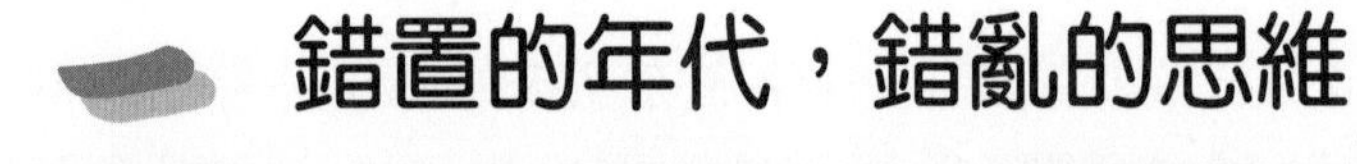

二 錯置的年代，錯亂的思維
——一個菲律賓報人在台灣黑牢的故事

■話說前頭

「楣體」在台灣的猖狂放肆，幾乎已到了無法無天之地步。台北My Angel錯亂的腦袋與發言，在「楣體」的再三呵護粉飾包裝下，亦就宛如眾口鑠金般地被打造成鑲著金身的救世主。目前已經停刊的《民生報》記者更發了一篇〈甚麼樣的DNA，造就馬英九魅力〉的特稿[1]，以探討爲何台北My Angel翩然降臨之處，廣大粉絲無不即刻「馬上瘋」的祕訣原因。恍如是降乩上身的「楣體」不斷地跟世人傳達著，打從龍種受精之時，銜含著神諭的DNA，早已命定了台北My Angel是未來的聖王明主的訊息旨意了。把當下「楣體」人在台灣走火入魔的情境，跟過往的台灣歷史加以翻覽比對，可以發現當前「楣體」在台灣，儘管看來是如此地火力十足的眾聲喧譁，但只消吾人仔細一瞧便會驚覺，他們其實都延續著過往「愛國楣體」的角色，只是當他們所愛的國或

[1] 劉作坤特稿，〈甚麼樣的DNA，造就馬英九魅力〉，《民生報》，2006.03.27。

者心中的「祖國」逐漸變樣時，一種幾近抓狂的胡言亂語，遂被包裝成崇尚言論自由的百家爭鳴之表象。

底下要訴說的故事，是一個以菲律賓報人身陷台灣黑牢爲主軸，並據此開啓那個荒誕不經時代面目的故事。此故事不只進一步拉出國民黨，自居地球上中國法統的獨裁主政那段錯置時代下的錯亂思維，更有著以歷史之瞳爲鏡，而映照出今日台灣「楣體」的超級自由度——一種幾達無政府狀態的自由度，是多麼辛辣的諷刺。再者，此一被遺忘的菲律賓報人在台灣黑牢的歷史，更如同是台北馬腦袋結構組成的歷史DNA般，蘊含著對台北馬思維的理解。三十年前的故事和背景，在台北馬屢出港澳、西藏乃我國領土，台灣前途由兩岸中國人決定等等……荒謬論調中，可發現兩者是何其的相似。台北My Angel不僅是DNA異於常人，連腦袋結構都宛如歷史化石般，將過去一切的荒謬全數給封存下來呢！且聽，娓娓道來。

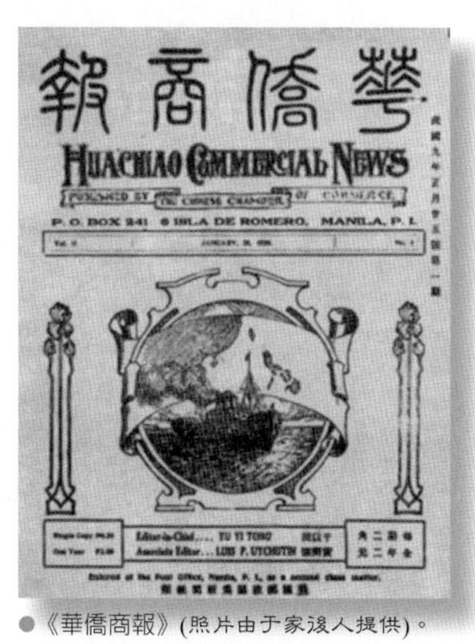

●《華僑商報》(照片由于家後人提供)。

■楔子：故事緣起

2004年，板橋地院收受了一件冤獄賠償的案件。聲請人乃菲律賓《華僑商報》前社長于長城以及前總編輯于長庚倆兄弟。于氏兄弟當年乃菲律賓《華僑商報》報人，因其出版的報刊被菲律賓馬可仕政權認爲有親共之嫌，馬可仕便下令將其二人驅逐，並由蔣介石政權及其情治單位以：「于氏兄弟具有叛亂及替中共宣傳之嫌。」在1970年5月5日，派遣特務多人抵達菲律賓將于氏兄弟逮捕，然後以軍機押解台灣，接受警總保安處秘密偵訊。蔣介石此一配合馬可仕政權打壓新聞自由和報人的行徑，進一步招致國際新聞學會的高度關切和施壓。後來，于長城社長與于長庚總編輯分別被蔣介石政權判處兩年與三年的感化。在接受感化之前，于氏兄弟即已遭違法羈押達430日之久。也因爲如此，于氏兄弟遂依《戒嚴時期人民受損權利回復條例準用冤獄賠償法》相關規定，聲請要求准予國賠每人各250萬元。

由於，現存資料無法證明于氏兄弟有被違法羈押之事實，於是，板橋地院法官遂認爲聲請人的冤獄賠償聲請即不應准許，而駁回于氏兩人之聲請主張。于氏兄弟不服，於2005年7月，兄弟二人再度向司法院冤獄賠償覆議委員會提出覆議，司法院冤獄賠償覆議委員會認爲，從當時相關文書、報章雜誌中均曾載明，于長城、于長庚在偵審過程始終在押，且于氏兄弟案鬧得沸沸揚揚，甚至被選爲當年度十大新聞之一，是故，于氏兄弟之主張並非全然無據。此外，委員會更認爲板橋地院並未向原起訴及審判機關查證，也未曾向菲國政府查核，即認爲無從證明有被羈押之事實，實嫌速斷。於是，司法院冤獄賠償覆議委員會決定撤銷發回，並要求板橋地院要多方查證。于氏兄弟獲得冤賠的可能性，再次

● 只要當地國家華人數量足夠，便有各種華文報紙服務當地華人讀者社群。目前，林林總總的荷蘭華文報紙中，除了大紀元之外，幾乎清一色「親中」，若按照以往國民黨的標準，可能都會被國民黨政府關押黑牢哩(著者攝)。

燃起一線曙光[2]。

然而，在垃圾口水新聞滿天飛的今日，此則平躺報紙一隅的新聞，似乎很快地被遺忘，實是可惜。事實上，只要尚未被台灣白癡腦殘的「楣體」搞到腦死之人，讀完此則新聞定會出現一些疑問：「爲何一個菲律賓華人的報紙媒體人，怎會被國民黨的警總以叛亂罪羈押呢？國民黨沾滿血腥的雙手，如何而可能地展延至菲律賓的領土中，將被扣上『爲匪

---

❷ 楊肅民專題報導，〈卅餘年前轟動國際叛亂案．《華僑商報》于氏兄弟冤賠出現轉機〉、〈于氏兄弟承父志．被控爲匪宣傳．強押返台〉，《中國時報》，2006.04.11。

宣傳』的報人于氏兄弟給緝拿回台入獄呢？是甚麼樣的歷史時空，國民黨竟然可以在『全球爲經緯，華人爲尺度』的寰宇範圍裡，具有管轄權呢？」要是用當年的尺度標準來看，目下在荷蘭的華人報紙諸如《唐人街》、《新力報》、《華僑新天地》、《華商時報》、《華僑通訊》、《中荷商報》等等的報人都可能會被國民黨緝拿回台，並以叛亂犯起訴之。當前在歐洲的華人報紙，除了法輪功道親出版的《大紀元時報》，以及那個「僑委會」出版的《宏觀周報》可能符合規矩要求之外，其餘都「親中」得不得了，對於中國的消息一律一面倒的吹捧，從中國經濟崛起到中國的新投資機會，至於偶有台灣的新聞，幾乎是「好事不出門，壞事傳千里」的負面新聞。

因此，對當年那件荒謬離譜的菲律賓《華僑商報》社長與總編輯，被情治機關強押回台的故事考察覽閱，就猶如是對那個號稱在地球上代表「自由中國」（Free China）的國民黨政權，在台灣所書寫的荒謬歷史的「羅塞達石」（Rosetta Stone）一般[3]，具有解釋中國國民黨政權當年的虛妄與可笑的一切，是如何而可能?!

---

[3]「羅塞達石」是一塊造於西元前196年的大理石石碑，在埃及尼羅河口處發現，石碑上頭同時刻有同一段文字的三種不同語言版本，讓近代考古學家有機會用對照各語言版本的內容，以解讀出已經失傳千餘年的埃及象形文之意義與結構，而成爲今日研究古埃及歷史的重要里程碑。

《華僑商報》的簡史

出生於福建省福州的滿族人于以同，從福州法政大學畢業之後，遂在閩南任教，直至因爲頗負名望，因而被延攬至菲律賓呂宋中西小學校教書。爾後，又受聘爲菲律賓「中華總商會」的秘書長，1919年10月，「中華總商會」創辦每月發行一次的會刊，並由于以同擔任總編輯。經過一次世界大戰對生產資料和工具的局部摧毀之後，資本主義生產過剩的問題仍未徹底解決，列強對於世界市場的爭逐依舊不遺餘力，在菲華人爲了使商業資訊取得之便利流通，當時的商會會長李清泉遂萌起創辦《華僑商報》的念頭[4]。

之後，在當地華人吳紀霍的奔走進行股本招募下，組成「華僑商報出版公司」，並於1922年4月將原本的月刊改組成《華僑商報》的日報形式，同時繼續委由于以同擔任總編輯。據稱，《華僑商報》的宗旨乃是充當菲華社群的喉舌、站穩菲華立場。在日報創刊之日，于以同先生便宣告商報的編輯方針如下：一、聯絡華僑團體；二、擴充海外商務；三、發展祖國實業；四、灌輸商務知識；五、傳達商務消息；六、提倡國民外交；七、融合勞資階級；八、指導華僑社會；九、鼓吹華僑教育發達；十、促進祖國政治之革新[5]。

---

❹ 詳細請參閱張存武，《菲律賓華僑華人訪問紀錄》，台北：中研院，1996。

❺ 參考〈菲律賓《華僑商報》〉，http://www.siongpo.com/index.htm。

1941年，日本發動太平洋戰爭並以台灣爲南進基地，直至1942年4月9日，菲律賓巴丹半島（Bataan）被日軍攻陷，身爲僑界意見領袖的于以同等人被擒捉。于以同不願配合日軍要求去說服僑領捐錢、組織傀儡商會，以及利用商報宣傳日本大東亞共榮圈與軍國主義，於是，發動抵制日、仇貨品小組的成員，和中西小學校校長顏文初與于以同則被日軍判處死刑，而於同年4月15日死在日軍槍下。

在二次大戰期間《華僑商報》被迫關閉，迨至戰後1945年，由于以同的長子于長城和其妻子楊綾瑞變賣首飾充當再版的資金，《華僑商報》再度面世。之後，于長城與于長庚兄弟便成爲《華僑商報》的經營骨幹。

戰後的菲華報界，華文報紙百花齊放多達十家。其中，用「親中共vs. 親國民黨」作爲左右光譜的區分軸線，則「菲律賓華僑抗日游擊支隊」（簡稱華支）出版的《華僑導報》，和洪門支持的《僑商公報》等被認爲是左派報紙。至於《中正日報》、《大華日報》、《公理報》、《重慶日報》等，則被劃歸爲右派報紙。《華僑商報》則自認爲是立居中間、不偏不倚，但卻也處於「左右爲難」的狀態。之後，在菲律賓獨立後的第一任總統大選，羅哈斯（Manuel Roxas）與歐斯民納（Sergio Osmena）的選舉競爭中，華支的領導人許敬誠公開演講表態支持歐斯民納（Osmena），就在對賭押錯寶的情形下，當選菲律賓獨立後第一任總統的羅哈斯（1946-1948），遂在當選之後的1946年即刻關閉《華僑導報》。至於《僑商公報》，則在菲律賓洪門要人許志北動用關係下暫時免於關閉。迨至1950年11月，許志北被當時菲政府指控其與菲共相勾結，隨即被逮捕而遞解遣送來台。於是，在菲律賓總統麥格塞塞（Ramon Magsaysay）任內，《僑商公報》也面臨了關門大吉的災厄下場。隨著左派報紙的一一下市消失，整個菲華報界的政治態度遂疾速右移，並導致自詡為中間派的《華僑商報》，也就自然地被劃歸成左派報紙[6]。

■《華僑商報》蒙難記

打從《華僑商報》被定性為左派報紙之後，其乖舛的命運亦就跟隨反共最力的菲律賓政府、美國外交思考布局，與國民黨僑務和外交顧慮等等不利因素夾纏一起，而淪為各方勢力板塊推擠和拉扯的祭品。

從「菲律賓」此一名字的來由，即可知菲律賓的歷史充滿了外來力量的染指桎梏。菲律賓此一名，乃源於西班牙國王菲力普二世，1521年3月，麥哲倫帶著西方的眼光在航海時首先發現該群島時而命名。1565年西班牙入侵菲律賓，並在當地建立了殖民地，當年，菲律賓呂宋島上早有漢人居住。關於鄭成功的眾多揣測死因之中，有一個是跟當年殖民菲律賓的西班牙有關係。據說當年鄭成功拿下台灣之後，原

❻ 參閱潘露莉訪問，〈于長庚先生訪問紀錄〉全文，收錄於張存武，《菲律賓華僑華人訪問紀錄》，台北：中研院，1996。

有計畫準備南進攻佔呂宋島，並曾函書招降在馬尼拉西班牙總督，當然西班牙不理睬鄭成功招降之提議，並對當地以福建人為主的漢人產生懷疑，以為菲律賓漢人將作為鄭成功之內應準備協同謀取呂宋，導致西班牙總督下令對當地漢人進行屠殺，令致鄭成功對於呂宋漢人懷璧其罪而死甚感抑鬱，來台不久後便告駕鶴西歸。

姑不論，關於鄭成功死因的此一傳聞說法是否為真，菲律賓人民反抗殖民的鬥爭，從不曾稍歇。迨至，1898年美西戰爭結束，美國和西班牙簽訂《巴黎和約》之後，西班牙便把菲律賓轉讓給美國，開啓了類似台灣當年那種「狗去豬來」的「西班牙狗走，美國豬來」版本的惡夢。前仆後繼的殖民反抗，逼迫美國在1935年9月在菲律賓組建了自治政府。1942年1月3日，日本佔領了菲律賓，在政治上實行軍管，強令建立「行政委員會」接著又成立「菲律賓共和國」，以演出一場菲律賓獨立的傀儡戲。1943年，美軍開始反攻菲律賓，並在菲抗日軍隊的內部協助下，於1945年重新佔領馬尼拉。戰爭結束後，菲律賓人民要求獨立的呼聲更加激烈，美國終於在1946年7月4日被迫同意菲律賓獨立。

儘管菲律賓在政治上從殖民枷鎖鬆脫出來，但一種作為西方跨國公司經濟屬地的新殖民主義的剝削，卻未曾減緩改變。因此，附著於殖民與剝削的悲慘情境下，菲律賓共產黨遂於1930年成立。而菲律賓經濟在美國的支配下跟台灣多所雷同的是，兩者都分別聽從美國建議，開啓利用國內廉價勞力的方式吸引外資。因此，從1962年伊始，菲律賓不斷地在經濟控管上進行鬆綁與去管制的措施，再加上國內經濟多所受制於跨國公司，於是共產黨在菲律賓就有著相當活躍的基礎。

再者，出身於菲律賓獨立後第一任總統羅哈斯秘書的馬可仕（斐迪南·馬可仕, Ferdinand Marcos），在1962年代表菲律賓國民黨參選總統當選，馬可仕隨即在國際外交上向美國急速傾斜。1962年的美國，正是全面介入越戰的時刻，於是，美國國內與國際上都瀰漫著一股反共的氛圍。終於，在主要敵人的左派報紙被掃光之後，次要敵人的《華僑商報》便成爲下手的目標，1962年3月8日，菲律賓軍方便開拔到《華僑商報》于長城與于長庚家裡進行搜索逮捕，並控告于氏兄弟主持的《華僑商報》親共。此一事件中，令致于長庚總編輯被拘留了兩個禮拜，社長于長城則在未經過任何審訊的情況下被監禁了八個月。雖然，于氏兄弟最終被釋放，但于氏兄弟仍被菲律賓政府規定不得離開馬尼拉方圓十里內，並且每個禮拜都得到警察局報到一次。

當然，基於打擊菲律賓國內共產黨分子的需要，以及據當事人《華僑商報》總編輯于長庚的說法表示，美國政府爲了在介入越戰之時，必須對中共在東南亞華人社群的影響力作一探測，亦就以此案作爲東南亞華社動向的試紙和造成殺雞儆猴的警示作用。爲了羅織《華僑商報》的罪名，「民主同盟」前副秘書長周鯨文，亦從香港飛抵菲律賓並在遣送放逐委員會上作證說：「中文的《華僑商報》，曾使用共匪的簡體中國字。」以爲親共的證據[7]，至於，此一被于長庚命之爲「六二事件」的逮捕行動中，其實也牽涉到國民黨在菲律賓僑務工作的鬥爭。因爲，當于氏兄弟被逮捕並扣上親共的帽子時，曾任菲律賓《大中華日報》總主筆的邢光祖，便以證人身分出席菲律賓的「遣送委員會」，指證《華僑商報》過去的新聞和漫畫的確曾替共黨從事宣傳活動云云[8]。

身爲國民黨菲律賓十三分支部代表的邢光祖是個詩人、作家與佛學專家。邢氏本人跟國民黨關係匪淺，算是國民黨在菲律賓僑界的聞人與地方幹部之一。而據于長庚的回憶，「六二事件」其實也牽涉到當地國民黨在僑界的恩怨與紛爭。邢光祖的老婆乃1946年以《天橋》一片走紅，並曾在上海主演過《青山翠谷》、《母親》、《銀海幻夢》的影星杜驪珠[9]。據于長庚回憶指出，邢光祖的老婆杜驪珠私生活比較放浪不檢點，在當時仍嫌保守的僑界當然難被見容接受，於是，《華僑商報》遂以醜聞的姿態撰文將之揭發與攻擊。此外，《華僑商報》也曾揭發邢光祖的多篇文章有抄襲之嫌疑，於是，雙方樑子也就結下[10]。

1956年10月蔣介石七十大壽的日子裡，杜月笙夫人姚玉蘭女士上台演出平劇爲蔣祝壽，影星杜驪珠也風塵僕僕地從

---

[7]〈周鯨文自港赴菲．爲于長城案作證〉，《聯合報》，1962.04.24，第四版。

[8]〈菲《華僑商報》．曾爲匪宣傳．邢光祖作證稱〉，《聯合報》，1962.06.07，第四版。

[9]〈杜驪珠邢光祖離婚〉，《聯合報》，1971.05.06，第三版；〈杜驪珠婚變目盲．後半生獻與孤兒〉，《聯合報》，1971.12.18，第三版。

[10] 參閱潘露莉訪問，〈于長庚先生訪問紀錄〉全文，收錄於張存武，《菲律賓華僑華人訪問紀錄》，台北：中研院，1996。

●《華僑商報》總編輯于長庚(照片由于家後人提供)。

菲律賓趕赴台灣爲蔣介石祝壽。由於，影星杜驪珠與邢光祖曾聯袂在1952年時來台，並曾在報端披露過此則消息，因此，當1956年杜驪珠隻身來台爲蔣祝壽之時，報紙就曾說明其夫婿邢光祖不克來台的原因，乃邢光祖正在菲律賓應付與《華僑商報》的一場筆戰而無法分身[11]。當然，台灣的報紙是將那場筆戰形容成邢光祖此一忠貞海外新聞工作者，對於《華僑商報》刊出「共匪訪問印度」之類的消息，不僅在文字上大肆渲染，更刊出許多傳眞照片，根本是暗地裡替共匪進行統戰工作等等爲匪作倀行徑，進行痛切的反擊。由此報導可知，邢光祖跟于氏兄弟的私仇樑子，的確早已深深地結下。

■七〇事件

1968年《華僑商報》再度被指摘其報紙出現反菲的言論，因此，1968年4月17日，馬可仕總統下令于氏兄弟公開道歉，並更正其親共反菲的新聞報導。于氏兄弟遂於5月14日，在《華僑商報》刊載道歉啓事與更正聲明，表示他們

⓫〈影訊：以《天橋》一片紅遍影壇的影劇雙棲明星·杜驪珠將獻身祖國藝壇〉，《聯合報》，1956.11.08，第六版。

「熱愛菲國，尊重菲國人民」，並保證將「加倍努力，促進中菲友誼」。于氏兄弟在自家報紙上刊登了對反菲言論誤解的道歉啓事，以示對菲律賓政府輸誠，並希冀以此消弭《華僑商報》跟菲律賓政府的緊張關係；詎料，1970年3月23日深夜，菲律賓軍方和移民局再次聯手拘捕了于氏兄弟。然而，此次拘捕來勢洶洶，與1962年不同的是，馬可仕已經親自簽署下達拘捕令。此次逮捕的名義跟「六二事件」的宣稱，依舊是多所雷同：于氏兄弟被指控爲中國共產黨在菲律賓的高階代理人，同時也指摘于氏兄弟資助菲律賓學生反馬可仕的示威，而意圖從事顚覆破壞菲律賓政府的活動。

《華僑商報》社長于長城的一場在菲律賓大學亞洲研究中心的演講，硬被凹成是替毛澤東思想進行宣傳的罪證。1962年，菲律賓軍方在《華僑商報》的辦公室抽屜中所搜到的中共官員李維漢的信函，再次成爲呈堂證供。至於，此齣入人於罪大戲中的重要人證則是1962年出面指證的證人邢光祖，不同的是，此時的邢光祖早已轉抵落腳台灣，並在政治作戰學校英語系和中國文化學院外文系（中國文化大學前身）執教。於是，爲了一報過往的「老鼠冤」，邢光祖遂從台灣飛抵馬尼拉作證，指控《華僑商報》乃是中共的喉舌報[12]。

菲律賓國防部長安利爾（Juan Ponce Enrile）在長達六頁的起訴書中指稱：1.于氏兄弟以實際行動，支持、鼓吹和教唆，促進煽動武裝革命以推翻菲律賓共和國政府的主義；2.兩名

[12]〈《華僑商報》爲匪張目．邢光祖在菲提指控〉，《聯合報》，1970.04.13，第三版。

被告造成《華僑商報》刊載，顯明為共產黨或親共的文章及新聞報導，並且運用報紙作為促進共產黨在菲國，特別是在華僑社會的陰謀，或者影響華僑支持毛共政權；3.兩名被告在《華僑商報》佔有最高職位，一是社長，一是總編輯，其報紙刊載的文字及評論，強調共產主義的宣傳，顯示他們相信共產主義，或同情共產黨；4.上述種種，以及其他顯明有利共產黨陰謀的行為，損害菲國政府及人民利益，因此構成充分及合法的理由，將被告遣配出境，因為如果他們繼續留在菲律賓國土，將危害菲國的安全及和平[13]。

此案前後進行了21次的提審。一個接著一個的羅織證據與構陷證人的出場，于氏兄弟被遣送出國似乎已成定局。由於，彼時菲律賓對於華人入籍多所刁難，再加上孫大砲中山革命之後，文化意義的中國開始往具有政治意義上的民族國家凝聚結晶，於是，菲律賓華人多自認為是「中國人」，更握有中國的國籍與護照。由於，中共將蔣介石驅離中國大陸之後，美國又扶持在台灣的蔣介石政權為「自由中國」（Free China）的代理人，並在聯合國中給予席次，因此，那些受限於客觀政策的阻礙與主觀沒有入籍菲律賓意願的華僑，手中多有中華民國的國籍。

職是之故，若依照國民黨在台灣的動員戡亂時期臨時條款的，懲治叛亂條例第二條第一項（二條一），加以判刑的話，則于氏兄弟回台將面臨唯一死刑。於是，為了避免被菲

[13]〈被指控為匪幫在菲特務．于長城兄弟將被逐出境〉，《聯合報》，1970.04.22，第三版。

律賓政府遣送來台，于氏兄弟遂宣布放棄中華民國國籍。同時，于氏兄弟聯絡了其菲律賓報界朋友——菲律賓《馬尼拉時報》（*Manila Times*）的發行人羅西斯（Joaquin Chino Roces），打點安排跟新加坡政府接洽，就在新加坡政府答應之際，馬可仕政府便使出「綁架」絕招，同時跟國民黨私下協商安排，由國民黨政府在1970年5月5日凌晨，強押于氏兄弟上機飛抵台北松山機場[14]。抵台後，僑委會的代表到現場接機，並跟于氏兄弟說：「現在好了，總算回到自己地方了！」於是，菲律賓華人就在此一冷戰對峙歷史結構下，遂被國民黨當成自己國民同胞般，使得自身的治外法權及於此些海外菲律賓華人身上。

事實上，當年台灣的報紙亦曾對菲律賓政府遣送驅逐于長城和于長庚的事件做過分析，並提出于氏兄弟被驅逐遣送的地方大體上不外四個地方：

> 香港——英國雖然承認共匪，但香港當局經過幾次暴亂後，對共匪的陰謀醜惡已經領教夠了，所以當于家兄弟提出願遣往香港時，香港政府立即表示拒絕。至於，新加坡——新加坡和中華民國與中國大陸僞政權都未建立外交關係，但新加坡反共態度之堅定，爲世人所共知。新加坡政府對于長城兄弟的願望迄未表示意見。（儘管，據于長庚的回憶表示，新加坡政府事實上已經願意接受于氏兄

[14] 參閱潘露莉訪問，〈于長庚先生訪問紀錄〉全文，收錄於張存武，《菲律賓華僑華人訪問紀錄》，台北：中研院，1996。

弟，但國民黨控制下的台灣報紙仍然認爲新加坡是不適宜的放逐地。）

而大陸僞政權——自菲律賓政府於元月間對于長城等正式提出控訴後，大陸匪幫沒有吭聲。一般相信匪幫不會接受于長城兄弟，因爲第一、這兩個人的利用價值已經完了，誰見過共黨集團講過道義？第二、如果共匪接受了于家兄弟，對他們受共匪的指使、爲共黨特務的罪證，等於不打自招，奸狡如匪黨，自然不會這樣。最後僅存中華民國——于長城和于長庚沒有加入菲律賓國籍，雖然他們迄未回過台灣，沒有領取中華民國的護照，但在理論上及實際上，他們還是華僑。中華民國基於反共的立場，願意和菲律賓政府合作，接受他們遣配來台。因此，國民黨發給護照之後的于氏兄弟即成爲中華民國的國民，縱使于氏兄弟放棄中華民國的國籍，仍免不了在馬可仕與蔣政權的默契下，接收了于氏兄弟。[15]

菲律賓政府方面，也樂於與國民黨共演一齣「自由中國」法統代理人的大戲；誠如，菲律賓的移民部長芮耶思（Edmundo M. Reyes）則說：「從情報當局所接獲的密報顯示，與于案有關人士，爲了保護本身利益，企圖步斯派曼被人謀害的後塵，暗中將于姓兄弟幹掉，基於『保護』于姓兄弟的生命，避免使菲律賓政府到時遭遇困窘起見，我們已採取一切必要的步驟，以防止凶殺案的發生，因此菲律賓政府對於

---

[15]〈我政府願接受于長城兄弟自菲遣返〉，《聯合報》，1970.04.23，第二版。

于姓兄弟的生命，可說已盡到妥善保護的責任。」緊接著，菲律賓移民部長芮耶思繼續強調說：「外國僑民被僑居地國家政府驅逐出境，不能算爲一種懲罰，祇是將當事人遣返他自己所熱愛的國家而已。」國民黨就在這齣荒誕不經的拘捕菲華報人，打壓新聞言論自由的戲碼中，阿Q式地確認了自己作爲「自由中國」的法統，而那正是國民黨政府在聯合國席次即將不保，其國際正當性日漸鬆動的時刻[16]。

國民黨此一粗暴逮捕、言論自由的打壓，甚至將黑手延伸至菲律賓的作法，隨即引起國際極大的反彈。1970年第十九屆的國際新聞學會恰好在香港召開大會，國際新聞人利用大會向國民黨政府施壓，不但要求公開于氏兄弟的審判，同時也派代表探問受羈押的于氏兄弟。國際新聞學會中華民國分會的會長王惕吾，在大會上受到猛烈的攻訐與責難，然而，爲了替國民黨塗脂抹粉，王惕吾可說在會場上全力爲國民黨政府辯解[17]。

同時，爲了應付英國夥同加拿大的代表提議對於台灣代表的停權，王惕吾也在1970年8月14日公開審判前夕對于氏兄弟案發表談話，向政府溫柔喊話與表態[18]：

---

[16] 〈遣配案匆促執行．爲防同路人滅口．菲出動大批治安人員．嚴密監視于長城兄弟〉，《聯合報》，1970.05.06，第三版。

[17] 〈國際新聞學會重大成就．自由世界報業領袖．認定匪無新聞自由〉，《聯合報》，1970.05.21，第二版；〈國際新聞學會會員．昨分三批來華訪問〉，《聯合報》，1970.05.22，第二版；〈國際新聞學會代表．昨探視于長城兄弟〉，《聯合報》，1970.05.22，第二版。

[18] 〈于長城于長庚兄弟．今天接受公開審判．王惕吾就本案發表談話．相信必能依法公正審理〉，《聯合報》，1970.08.14，第三版。

中華民國政府基於于氏兄弟具有中華民國國籍關係，接受遣送並依據菲律賓政府遣送理由依法從事偵查，現根據偵查結果，依循中華民國法律程序定於八月十四日舉行公開審判。此事自係一國政府對其公民在法律範圍內所採取之措施。中華民國政府對於于氏兄弟之審判，係採取公開審判方式，與一般之司法審判相同。且于氏兄弟案所涉嫌事實，在法律適用條文方面，司法與軍法審判亦無懸殊。故軍法或司法審判就本案而言在本質上並無差異。

于氏兄弟案係涉嫌觸犯，中華民國反共戡亂時期維護國家安全與民主憲政制度之法律。中華民國目前與共黨叛亂從事戰場上之生死存亡鬥爭，與一般國家對共黨僅作思想與理論爭辯之處境完全不同，因此對共黨活動嫌疑之法律偵審，屬於軍法範圍，中華民國政府對于氏兄弟案之處理，亦係基於此一特殊環境與要求。本人對於我國政府維護新聞自由、尊重人權，深具信心，所以對于氏兄弟案，除信任政府必能依法公正審判外，並希望政府能對本案從寬處理。蓋于氏兄弟生長於菲律賓，或由於不明祖國法律之禁例，其情不無可憫恕之處。

在國際壓力下，于長城、于長庚兄弟案，最後被台灣警備總部軍事法庭依法判決交付感化，同時，據警備總部發言人李永寬少將答覆記者時說：「于姓兄弟的感化工作，將交由台北板橋附近的生產教育實驗所負責執行。至於，外傳將移送綠島一節，並非事實。且生產教育實驗所，是一個以仁愛爲出發點的思想矯正及技藝訓練教育機構，其生活管理是採學校化，在使接受感化人員導正觀念、變化氣質。」[19]且基於于姓兄弟原爲高級知識分子，因此于長城兩年的感化和于長庚三年的感化教育，以思想教育爲主，而免除其技藝訓練的部分。馬可仕在判決確定之後也即刻發表聲明指出，國民黨對于氏兄弟的有罪判決，證明馬可仕對《華僑商報》于氏兄弟的逮捕是正確的作法。此事看來，威權國民黨跟獨裁馬可仕果眞是哥倆好的一對寶[20]。

之後，于氏兄弟放棄上訴，兩人亦就確定在台灣分別接受兩年與三年的感化。至於，于氏兄弟放棄上訴的原因不明，是否是受嚇於獨裁特務統治的國民黨，當年對待提起上訴的政治犯的慣用伎倆，通常是在上訴之後加重原判決，或者改判死刑的方式，而放棄了上訴。當然，還有另一個可能性，由於國民黨受到國際輿論和人權組織的壓力，讓國民黨也急於想盡快處理掉此一燙手山芋。據說，警備總部跟外界放出風聲，刑期尚未期滿之時，只消屆臨蔣介石壽誕之際即可被放出云云，而讓于氏兄弟打消上訴念頭。果若如此，于氏兄弟分別坐滿兩年跟三年的感化刑期看來的話，歷史又再次證明了國民黨說話不算話的欺騙伎倆。

隔年國際新聞年會第二十屆大會，於1971年6月9日在芬

---

[19]〈感化于氏兄弟．由生教所執行〉，《聯合報》，1970.08.15，第三版。

[20]〈菲總統評于案．判決握有證據．證明二于有罪〉，《聯合報》，1970.08.16，第三版。

蘭赫爾辛基舉行，國民黨政府打壓新聞自由的劣行惡跡繼續受到國際輿論抨擊。國際新聞學會年會上曾述及：鑑於中華民國政府曾說過在六周內釋放于氏兄弟，但現實上卻食言；同時鑑於中華民國政府聲明，倘菲總統馬可仕表示願讓于氏兄弟重返菲律賓，中國政府將慎重考慮釋放他們。此外，又鑑於馬可仕總統曾透過菲國分會主席保證，允許于氏兄弟重返菲律賓，恢復原任發行人及總編輯的職務，並對于氏兄弟案不採主動，而將靜候中華民國政府釋放他們，允許他們返回菲律賓；因此，大會籲請中華民國政府儘速釋放他們及允許他們重返菲律賓。

當然，國際新聞學會在一連串被國民黨晃點之下，美國分會遂提案，基於中華民國政府處理菲律賓《華僑商報》發行人于長城、總編輯于長庚為匪宣傳一案看來，證明中華民國缺乏新聞自由，從而應撤銷國際新聞協會於1969年，在加拿大舉行的第18屆年會對設立中華民國分會的決議。對此，《聯合報》發行人王惕吾致函各會員指稱：「美國分會這一說法，是基於不符事實的偏見與不公正的判斷所作成的結論。」最終，國際新聞協會執行委員會遂於1971年10月22日，在瑞士蘇黎世作成暫時停止承認中華民國分會的決議。而迨至于氏兄弟感化期限期滿出獄之時，1975年的新聞年會才又再度恢復中華民國分會的會員資格[21]。

事實上，國民黨介入菲華報界于氏兄弟案的荒謬可笑，在國際輿論中屢屢成為受批評與訕笑的素材。例如，倫敦的國際特赦組織秘書長恩耐爾對於于氏兄弟案的看法，就認為于氏兄弟在菲律賓土生土長，該案根本是牽涉到國際私法上的國籍問題[22]。此外，國際新聞學會亦曾指出：「對於召開一次軍事法庭來處理有關平民，據稱在另外一個國家所犯之罪的控訴這一事實，感到相當悲痛。他們無法發現在一個外國，而且在一家禁止在中華民國銷行的報紙發表的言論，如何能危害中華民國。」[23]

縱使，就連《聯合報》引述《香港時報》以肯證迴護國民黨的荒誕行徑，其支持論點仔細讀來，其實更像是帶著棉裏針式的反諷說詞：「于氏兄弟在菲律賓從事反政府的宣傳，乃是菲律賓的內政問題。菲律賓政府對他們所作的任何處置，均與中華民國政府無關。中華民國政府審判于氏兄弟，是以其華僑身分進行共黨活動爲起訴理由。任何主權國家，都有權處理這種情事，而無需屈就外界的干預。」[24]此種前言不對後語的說法，在在點出了落跑至台灣的國民黨，其在國際上所撐起的中華民國和「自由中國」法統的謊言外衣，一旦被戳破之後，箇中的荒謬與可笑便流瀉無遺。

---

[21]〈我盼國際新聞協會充分發揮公意．王惕吾等赴芬出席年會．強調堅守正義公理立場〉，《聯合報》，1971.06.02，第二版；〈國際新聞學會否決排我建議組織五人委會研究于案．王惕吾曾發表公開信提出反擊〉，《聯合報》，1971.06.07，第一版；〔社論〕，〈我們實施民主憲政爭取國際輿論的勝利——論國際新聞協會否決排我分會案〉，《聯合報》，1971.06.08，第二版；〈國際新聞學會昨決議．不停止中國分會活動，盼繼續努力使于氏兄弟獲釋〉，《聯合報》，1971.06.07，第一版。

[22]〈旁聽于案審理．一般反應良好〉，《聯合報》，1970.08.15，第三版。

[23]〈國際新聞學會一觀察員．李維特對于案發表聲明．因法律觀點不同對程序有異議．香港報紙著論反映不同的見解〉，《聯合報》，1970.08.16，第三版。

[24]〈國際新聞學會一觀察員．李維特對于案發表聲明．因法律觀點不同對程序有異議．香港報紙著論反映不同的見解〉，《聯合報》，1970.08.16，第三版。

●于長城、于長庚在台北板橋附近的「生產教育實驗所」(照片由于家後人提供)。

事實上，在《天下雜誌》1994年出版的《報人王惕吾——「聯合報」的故事》一書所收錄的〈國際新聞協會攻守〉一文中，亦曾提到于氏兄弟案導致新聞學會會籍被暫停之事的不以爲然。王惕吾認爲，于氏兄弟的言論即使違反國際法律，但其行爲乃是在菲律賓所爲，根本不在台灣，台灣根本沒必要接受遣送，遑論加以拘禁[25]。

但是，于氏兄弟一案其實牽涉到國民黨被美國刻意扶植成的「自由中國」法統，以及其海外華人代理母國的地位，逐漸在國際失靈時的一個迴光返照的大動作罷了。當然，這當中也夾纏著菲律賓國內政治鬥爭、美國外交思維的重新部署和布局、菲律賓本地的僑務鬥爭，以及國民黨蔣介石政權的考量等等……幾股勢力從中發酵作用著。

㉕ 王麗美，《報人王惕吾——「聯合報」的故事》，台北：天下出版，1994。

■背後的推手：七〇事件分析

根據于長庚先生的說法，馬可仕的任期將於1971年任期屆滿結束，但是爲了方便其實施軍統，以宣布戒嚴的方式來無限制延長自己的任期，於是製造許多動亂，甚至發動學生運動。由於學生運動或其他運動易發難收，直至運動失控蔓延之時遂嫁禍給《華僑商報》，一口咬定指摘其資助學生運動、灌輸毛澤東思想，以及從事顛覆國家的活動云云。但是，馬可仕此一軍統陰謀被報界識破之後，爲了控制報界，便以《華僑商報》作爲殺雞儆猴的祭品而招致七〇事件的發生[26]。

然而，如前所述，儘管菲律賓早已脫離殖民，但其經濟命脈卻深深齧銜鑲嵌在跨國公司掌控的新殖民主義手中，於是在經濟貧困的工業部門與封建渣滓殘餘，繼續宰制著菲律賓的農業部門現況下，始終是蘊生著共產黨細胞的溫床。尤其，創建於1930年的菲律賓共產黨，在1967年分裂，並在翌年12月由何塞・西遜（Jose Sison）宣布重建。爾後，菲共於1969年在呂宋島建立新人民軍展開武裝鬥爭，建立統一戰線企圖奪取國家政權，於是，一個扛著毛派大纛的菲律賓共產黨便開始深入農村地區，爲佃農減租降息，提高農業工人工

---

[26] 參閱潘露莉訪問，〈于長庚先生訪問紀錄〉全文，收錄於張存武，《菲律賓華僑華人訪問紀錄》，台北：中研院，1996。

資，推行眞正的土地改革進行頑抗的鬥爭。

一方面由於國際冷戰秩序和國際資本在菲律賓的利益，另一方面則由於菲國境內的共產黨的武裝威脅，因此，菲律賓政府的激烈反共立場是不難想見的，因而在菲律賓若被扣上替共產主義宣傳的帽子乃是相當危險之事。誠如，1960年代，世界籃球冠軍賽本來要在菲律賓舉行，後來因爲菲國政府不准入圍的南斯拉夫代表隊入境，致使比賽改移他國。在此些現實基礎上，《華僑商報》一旦被扣上親共產黨或者替中共宣傳的大帽子，則不啻是給予馬可仕一個建立軍統的良好藉口跟時機，尤其當菲共以毛澤東路線自居之時，更是令致「替中共宣傳」成了勢必招來打壓的政治禁忌。

第二股拉扯的力量則是來自於美國中央情報局（CIA），以及美國外交思維和政策急轉彎的歷史時刻下，因而促成1970年于氏兄弟案的發生。因爲，在美國國內反戰壓力下，美國政府亟欲想從越戰泥沼中脫身；此外，當美國圖謀改善美國與中共的關係以便進行外交破冰時，美國政府勢必先探探中共在東南亞華社的虛實。職是之故，據于長庚的說法，當馬可仕在群眾運動失控之時，便羅織運動失控的主因，乃是中共通過于氏兄弟在菲律賓，對學生和群眾的金援資助所致，於是，美國中央情報局自然願意借力使力地，推動把于氏兩人送往台北。針對此一說法，于長庚表示此乃與中情局有來往的菲律賓報界友人相告，而當時美國認爲只有台北蔣介石當局，才有辦法使于氏兄弟將實情和盤托出，以便進一步掌握中共在菲律賓華社以及東南亞其它國家活動的程度。

據此，于長庚會作出美國中情局介入了「七〇事件」的判斷。

不過，于長庚也表示，美國中情局內部對此事件也有不同的看法。首先，中情局某些人士認爲于氏兄弟並非眞正親中分子，同時，于氏兄弟力主提倡菲律賓華人（菲華）必須融合進菲律賓的主流社會之中，這將有助於華人本地化而降低華人成爲中共在東南亞的代理人云云。於是，一旦將其兄弟犧牲，則將對於菲華本地化運動產生傷害，而不利於切斷華人與祖國中共的臍帶關係，將更容易受到中共的滲透利用等等。

第三股介入其中的勢力拉扯，乃是當地國民黨在菲律賓的僑界鬥爭。據于長庚指出，《華僑商報》歷年來對於中共的傳眞寫實報導，跟國民黨的誤導事實扭曲眞相的宣傳殊異頗大，使得菲律賓當地國民黨分子無法一手遮天地瞞騙菲華僑界，更不能率爾恣意地魚肉欺壓當地華人，因此，當地國民黨分子對於商報早有除之而後快的想法意圖。再加上，于氏兄弟倡導融合政策——即菲華應該爭取入籍，融入主流社會，跟國民黨一直想把持僑界和所謂僑民等作法有所扞格，無異是拆挖國民黨僑務人士的牆角，衝突也就在所難免。畢竟，這不僅會讓從事僑務的國民黨人失業，更可能導致他們績效不彰，斬斷他們仕途晉升的管道。

第四股力量則是來自於，在台灣的國民黨內部勢力和利益考量。事實上，國民黨蔣氏政權的僑務方針，往往是根據菲華處理僑務的總部資訊而爲的判斷，此些菲華僑界的海外僑務人士，往往爲了自身利益之盤算，時常必須透由誇大或者各種方式，來表現出其對台灣島內國民黨總部的忠誠以及影響力，以免其自身在國民黨派系勢力中被邊陲化，而成爲閒官。誠如，于長庚曾提及：「擔任馬可仕總統的第一任總統府秘書長沙拉斯（Rafael Salas），某次應邀訪問台北，並受到國家元首般的國賓待遇，他從台灣回國的時候，告訴我們，他不明白爲什麼台灣政府堅持要把我們兩個人送回台灣。我們到了台灣後才發覺，整個事件都是本地國民黨總支部所造成的。台灣政府以前是根據這些人的報告來行事。菲律賓使館是不會替我們說好話，使館也不想得罪總支部的地頭蛇，因此，總支部的分量會比使館的報告重。可是我們的案件到達最高當局後，就動員他們所有的情報機構從各方面搜集資訊，得知我們不是共產黨人，我們的冤情才得以洗刷。」

當然，也有一種潛在的可能性則是：時值國民黨政權在聯合國席次逐漸不保之際，配合展演一齣菲律賓馬可仕將于氏兄弟遣送來台的戲碼，得以讓菲律賓在聯合國席次保衛戰中出面相挺。於是，國民黨的外交法碼遂壓過僑務需求的重量，這更是爲何于長庚一直感嘆，僑民常是外交與僑務政策衡平下的犧牲品。

由此可知，國民黨使館利用和尊重僑界地頭蛇的方式，以順藤摸瓜的姿態介入當地華人社群，幾乎是國民黨所謂「僑務」一貫採取的政治手法，這一切宛如國民黨打從組建伊始便深受綿延不絕的派系鬥爭的盤桓纏繞。儘管，1950年遁逃來台的蔣介石「復行視事」之時，曾剴切地痛陳國民黨失去中國乃是派系鬥爭之結果，因而進行派系解散、重組國民黨，但是派系其實並沒有因此就完全失去功能與作用，反而以一種更隱匿灰色的方式發酵作用著。此外，1970年代正是蔣介石政權的國際正當性謊言逐漸被戳破的年代，正是國民黨政權在聯合國席次行將不保的前夕，而蔣介石的靠山山姆大叔又正打算改變對中共關係之際（之後美國在1971年7月美國助理國務卿季辛吉率團訪問中國後，打蛇隨棍上的美國總統尼克森，隨即於翌年訪中並簽署了《上海公報》），國民黨藉由大張旗鼓的于氏兄弟案，無異是向國際宣示，國民黨代表眞正的「自由中國」法統的迴光返照的最後展現，同時更是對台灣內部民眾的一種眞正中國代理人的法統展演，在在都具有鞏固內部民心的作用。

因此，當時面對外國人質疑台灣政府對於于氏兄弟沒有法律追訴的管轄權力之時，警總軍事法庭便對外宣稱：「按我國刑法，採『屬地屬人主義』，不論犯罪在本國領域內或者領域外，均適用本國刑法……」[27]云云。此種屬人與屬地統包的中華民國國籍法，讓人一旦跟中華民國沾惹上關係便難以脫身，而必須有著「生爲中國人，死爲中國魂」的無奈跟倒楣準備。學者成露茜曾提及，東亞韓國、日本與華人國家台灣和中國，皆是以血緣/血統爲公民的主要認定原

[27]〈于長城兄弟表示悔悟．軍事法庭昨從輕判決．分別交付感化兩年三年〉，《聯合報》，1970.08.15，第三版。

則的國家。因此，所謂「中華民國」自建國以來，即認定境外的華裔爲「中國人」，並准許他們參與母國的代議政體機構，如立法院或國民大會[28]。尤其，所謂「華僑」又被扣上「革命的媽媽」（革命之母）之名，讓「海外華人」就被限縮在「華僑」的緊箍咒底下，勢必得跟「祖國」有所牽扯才行。記得，有個會講華文但不具書寫能力的新加坡女設計師在上海，某日女孩到銀行辦理存款，因爲不會書寫華文而請櫃臺小姐代寫，詎料，此位銀行櫃臺的上海小姐，抬頭瞄了設計師一眼之後，隨即脫口而出：「喲，文盲來的喔！」

●馬可仕接見于長庚(照片由于家後人提供)。

於是，在各方勢力拉扯與盤算之下，1970年那件如今看來是件荒謬鬧劇的菲律賓報人于氏兄弟，下放台灣黑牢的案件，便如此發生了。根據國防部一份檔案中描述，駐菲律賓大使館本（民國五十九）年五月廿九日，菲安（59）字第1243號呈：「略以近半年來菲國激進分子示威暴亂不已，該館迭遭示威、恫嚇、撞門、擲石之騷擾。且自菲政府遣送親匪之《華僑商報》于長城、于長庚兄弟二人赴台後，左傾分子遷

㉘ 成露茜，〈跨國移工、台灣建國意識與公民運動〉，《台灣社會研究季刊》，No. 48期，2002，頁15-44。

怒該館，恐嚇威脅，變本加厲……」從《華僑商報》于氏兄弟一案後，所引發的各方勢力拉扯的震波看來，都可略知于氏兄弟一案背後的複雜情勢。

■冷戰下的國民黨——「自由中國」的正朔意淫

冷戰結構下，國民黨的僑務政策繼續發揮，並扮演著跟共產黨爭取海外「僑民」的鬥爭最前線，誠如學者林若雩的說法：「（國民黨）海外僑務政策五十年來的發展史，也就是一部海峽兩岸相互爭取海外華僑、華人的鬥爭史。」此外，中國學者也曾以「第二條戰線」，來形容中共在海外僑民於國共內戰中的角色與意義。然而，國民黨的僑務政策在冷戰下延續的說法，通常是直指國共爭取兩邊都想取得代表中國的最終發言權，於是動員「僑胞」反共、經濟投資或者利用中止僑匯的方式以爲制裁，這些都是誰才是中國正朔的民心向背指標測度。

當時序跨進1970年代，正値中共、國民黨在國際參與席次上取而代之的交替時刻，因此，就在國際地位此消彼長之間，國民黨更需緊拉僑務此條接軌串連國際，並證成「祖國正朔」的繩索軸線。當然，海外華人願意配合這齣「親愛的祖國」大戲的箇中原因，除了「Chinese」此一招牌內涵乃相當滑溜與流動，讓眾人皆可有自己版本的「一個『Chinese』各自表述」，隨各人喜好和所需搓圓捏扁之外，相當程度上一種「惟有中國強大繁榮，海外華人才有保障」的潛在心態，也是這齣「親愛的祖國」得以再三展演的條件之一。

東南亞國家的「排華政策」或「排華運動」，除了有當地土著民眾受到華人掌控主要經濟活動而生的，「相對剝奪感」的心理和社會基礎之外，各國政客也有，深怕中共滲透其國內華人而帶來威脅的政治顧慮在當中。正由於中共感受到東南亞排華的政治動機，遂在1955年4月18日至24日，出席由部分亞洲和非洲第三世界國家領袖共聚印尼召開的萬隆會議。會議之後，中共更弦易張且務實地鼓勵海外華人歸化當地，以作爲取得各新興國家的外交信任。此些因素在在都是國民黨在冷戰結構下，其「僑務政策」相對成功的幾項條件。

然而，此些都只是單方面地從國民黨的需求出發，因此，研究國民黨僑務政策與東南亞華人的范雅梅，就繞道提出一個新的問題意識：「僑務政策作爲一種針對境外族裔的政治動員，勢必與當地國國家主權產生衝突。因此，海外僑民必須面臨國籍上二擇一的選擇時，則究竟僑務政策如何能夠延續下去，並且發展至今？而這段時間僑務政策如何而可能？」一個去國民黨或共產黨本位主義的提問方式，讓「華人」研究從「中國」立場出發，轉變爲從「海外華人」自身出發的問題意識[29]。

---

[29] 范雅梅，〈「代理」的祖國？從在地知識與冷戰結構論國民黨與僑務政策（1949-1990）〉，發表於2005年台灣社會學年會。

于氏兄弟的故事，其實也是間接回答此一個問題。明顯的兩個主權國家內政事務的重疊——「一份菲律賓華人報紙」，究竟是在怎樣的一個歷史條件與勢力拉扯之下，讓國民黨與菲律賓協同解決掉國民黨僑務、外交與馬可仕政權內政之間的扞格，並以于氏兄弟下放台灣黑牢劃下故事的句點。

事實上，冷戰對峙下，美國深怕中共對東南亞華人圈有所吸引和滲透，便透由美援經費的支付，強化國民黨的僑生教育，並大量以學費優惠和獎學金的方式吸引東南亞華人赴台留學。如同，1950年代擔任國民黨海外部主任，之後接掌僑務委員長的鄭彥棻，就曾提到僑務界耳熟能詳的口號「無僑教則無僑務」，皆可看出僑教後來成爲僑務的主要工作的演變[30]。儘管，由新馬華人共同捐獻成立的新加坡南洋大學，是1955年至1980年存在東南亞唯一一所，以華文爲主要教學用語的大學，但因爲李光耀爲了打擊共產黨，便從1974年開始拒絕新加坡以外的華人入學，使得台灣成了東南亞華人學習華文和升學的主要管道[31]。又如，1954年時任教育部高教司司長的孫宕越在鄭彥棻囑咐下，利用出席巴西國際地理學協會大會之機會，替鄭氏至拉丁美洲視察當地僑

[30] 羅才榮，〈從小處看鄭彥棻先生〉，pp. 3-5，收錄於《鄭彥棻八十年》，陳伯中編輯，台北：傳記文學社出版，1982。

[31] 在中華人民共和國於1949年成立之後，長期以來到中國大陸留學的馬來半島華人失去了留學的基地，除了一部分被迫轉到國民黨政府統治的台灣留學之外，新加坡的南洋大學遂取代中國大陸，成爲南洋左翼華人學生留學的學府。請參見林友順，〈1949改變馬來半島命運軌跡〉，《亞洲週刊》，第23卷49期，頁24-30，2009.12.13。

情。後來，孫宕越即跟鄭本人回報當地僑情爲：「……當地僑胞反共熱忱有加，十分感人。但也有隱憂，就是缺少僑教，下一代華僑青年都已『土著化』，將不知爲祖國出力了……」[32]

因此，在冷戰結構的對峙，美國爲扶植圍堵共產黨的羽翼勢力，再加上戰後東南亞各國內部政治經濟的鬥爭，並以族群政策作爲表現的多方勢力的肉搏激盪下，類似于氏兄弟被驅逐出境的案例就多有所聞。誠如，東南亞各國受嚇於中共早期可能透由華人進行「革命輸出」，再加上活躍於泰馬邊境和婆羅洲的許多共產主義者的華人色彩極其鮮明，因此，單以英國殖民下的馬來西亞，就有高達三萬五千人被以「親共」或者「同情共產黨員」的名義遭到驅逐。這些沾染共產黨色彩的華人們，早期在東南亞反殖民或反日的鬥爭游擊戰中表現得相當活躍。由身兼東南亞女工組織者和學者的新加坡人士邱依虹，在2004年出版的《生命如河流——新、馬、泰十六位女性的生命故事》一書，即是以貫穿那個時代，並參與其間的女性的口述歷史爲主軸所串起的故事[33]。

在那個大時代下，在台灣的國民黨時常主動承接這些被用親共名義而受驅逐的「華僑」，于氏兄弟即是這類故事的一個翻版表現。事實上，菲律賓「華人圈」的內部鬥爭，也

---

[32] 孫宕越，〈才能卓越的彥棻先生〉，收錄於《鄭彥棻八十年》，陳伯中編輯，台北：傳記文學社出版，1982。

[33] 參閱邱依虹，《生命如河流——新、馬、泰十六位女性的生命故事》，台北：巨流出版，2006。

就以誰被後送台灣作爲鬥爭輸贏的表現了。

■國共鬥爭下的「華僑」

事實上，在中共前總理周恩來於1955年出席萬隆會議之後，便宣告中國對海外華人的基本思想：「希望海外華人落地生根，好好做奉公守法的居留國公民，效忠及貢獻居留國家，作爲中國嫁出去的女兒。」之後，周恩來在1957年會見新加坡華人時，更再次重申：「作爲華僑和作爲親戚（指當地華人）要有一個界線分清一下。這樣大家就都覺得相安了。不然，一個女兒嫁出去了，或一個兒子給人家招贅出去了，你總是算作自家的人，這個界限搞不清楚，那麼，娘家和丈人家就不放心了，這一點是不是政治問題呢？不要小看這個問題。」周恩來用中國傳統姻親的關係，來形容「祖國」與「嫁入的那個國家」之間的效忠和親戚關係，以茲借喻中共外交政策與僑務政策的平衡拿捏。至於當國府落跑來台初期，在蔣介石統治下的台灣，則認爲海外華僑以至於入籍華人，都算是中華民國的國民。此些錯亂，在冷戰結構下蔣政權受到美國扶持的年代，似乎是非常地普遍與自然。

然而，生活在東南亞當地的華人，除了宛如是國共外交與僑務政策論斤計兩的有價肉票之外，華人卻常常得面臨更實際居住所在國的國內政經情勢，而作出相應的權變與努力。事實上，二戰之後東南亞國家紛紛脫離殖民而獨立，爲解決華人問題，馬來西亞跟印尼等國則是先後發給當地華人國籍；至於，泰國由於1930年代已經實行「同化政策」，幾乎已經沒有所謂「華僑」問題；而緬甸則於1950年代與中華人民共和國建交，並採取「集體轉籍」的方式，讓華僑問題自動消失。反觀，菲律賓在1935年自治政府中，是採用血緣國籍法（Jus Sanguinis）而非地緣國籍法（Jus Soli），使得華僑歸化條件苛刻，讓「華僑」轉籍困難，導致所謂「華僑」問題一直存在。

於是，蔣介石政權的僑務政策跟菲律賓的國內政治實情，相較起東南亞各國而言，更有著彼此取暖和共謀餵養關係存在。然而，隨著菲律賓1946年獨立之後，一系列的「菲化案」（利用憲法或法律條文的修正，將所謂「外僑」——尤其是指「華僑」，從許多行業中給排除，企圖改由菲人主管其行業經濟利益）也逐漸出台[34]。此外，在台灣偏安卻自居爲「自由中國」此一合法繼承人的國民黨，相當需要國際友邦在聯合國與國際舞台上，共謀演出這齣「國王新衣」的大戲，因此，此時國民黨政府的外交顧慮便可能壓過僑務的考慮，而對於菲化案造成菲律賓華商與華人利益受損的情形，只能雙手一攤表現出愛莫能助的樣子。

菲華界人士常受到國共糊弄並屢屢面臨「呼之則來，揮之則去」的窘況現實下，一種融入當地的聲音開始出現。當然，台灣的立法院立委林競忠跟王大任，都在立院質詢僑

---

[34] 夏誠華，〈菲律賓政府菲化政策形成之研究〉，《亞洲研究》第八期，頁96-136，1995.05，香港珠海學院出版。

委會主委鄭彥棻和行政院長俞鴻鈞政府，對於菲化案一事護僑不力是國力虛弱不足的表現，但是，行政院長俞鴻鈞卻反駁說：「未善盡護僑之責並非國力薄弱此一原因，政府乃有其他考量使然。」[35]果若，國力薄弱並非主因的話，此一答詢亦就顯示出，「華僑」的存在某種程度上是國民黨手上的一顆棋子，只能任國民黨政府按照自身利益需求搓圓捏扁罷了。

就在同一時期，美蘇冷戰劇烈，麥卡錫主義吹拂席捲各地，追查共匪的氛圍幽靈也悄然地進入菲律賓，許多菲律賓僑社左派人士被迫撤回中國。號稱自由獨立辦報的《華僑商報》，當然備受干擾。記者林華新、編輯馬飄萍、撰稿員亦爲僑中教員鮑居東，也被指爲共嫌而先後被驅逐遣配赴台入獄監禁。在此種肅殺氛圍與困窘情形之下，《華僑商報》社長于長城、總編輯于長庚，即時常在公餘之暇，與編輯部同仁共同商談這些問題，希望找出對策爲僑社與《華僑商報》理出一條共同的出路來。於是，在一次商討過程

●《華僑商報》同仁合照(照片由于家後人提供)。

[35]〈立院昨會議續質詢施政·指責我僑務政策不當·菲化案懸爲眾矢之的〉，《聯合報》，1954.09.25，第一版。

中，第四代華裔的謝德溫女士在情急之下，冒出了一句：「既然，甚麼都要菲化，那麼，就將全部華僑都菲化了，爭取集體轉籍！」于長城、長庚兩兄弟以及年輕開放的商報同仁在幾經討論之後，形成初步的構想——爭取集體轉籍，推動融合運動[36]。自然而然，《華僑商報》便與國民黨政府的菲律賓僑務政策產生了扞格。再加上，菲律賓政府的排華與恐共，許多菲華人士亦就被扣上帽子送抵台灣黑牢監禁與看管。

■派系鬥爭與白色恐怖

當冷戰氛圍下的麥卡錫主義往東亞吹拂之時，扣上親共帽子的各種派系鬥爭策略，並讓對手下放黑牢的政治案件時有所聞。誠如，學者李筱峰在爲台灣白色恐怖時期的政治案件分類中，也曾清楚地指出情治特務單位的內部鬥爭，抑或特務人員爲了爭功領獎等所製造的冤案、假案，亦曾是國民黨白色恐怖政治案件的重要類型，這些根本都是國民黨派系鬥爭下所派生的殘酷產物[37]。1952年，菲華界就曾發生過三百餘人被指爲共嫌，而被拘捕監禁的禁僑案，許多僑社商店屢被搜查，一時風聲鶴唳，人人自危。

---

[36] 謝德溫，〈推動華菲融合五十年，周恩來華人政策啓發華菲融合論〉，曾載於菲律賓《華僑商報》，http://www.siongpo.com/index.htm。

[37] 李筱峰，〈台灣戒嚴時期政治案件的類型〉，2000.11.23，http://www.jimlee.org.tw/article.jsp?b_id=24454&menu_id=4。

當年，就曾發生一件菲律賓華人將戰爭物資運送朱毛匪區的案件，事情前後鬧了20個月之久。最後，菲律賓政府用軍機，將所謂三名匪諜李則民、孔昭允和其父親孔廣曉放逐到台北去，儘管此三人要求將他們驅逐至香港或者中國大陸去，但菲律賓的「放逐遣配委員會」仍一致決定把他們押往台北，並訂於1952年2月28日上午執行驅逐[38]。之後，1998年12月17日，監察院「內政及少數民族委員會」第二屆的第四次聯席會議中，亦曾討論張德銘監委調查的孔昭允自訴陳情案，當中孔昭允自承為香港華僑，於1950年被誣陷資匪致無辜遭受九年冤獄及五百萬美元物資的損失，至今沈冤未雪之報告乙案。

不論，孔氏父子到底是否被冤屈，但就香港華僑被指控從菲律賓輸運戰爭物資到中國匪區，而被關押到台灣的實情看來，果真跟前英國殖民地香港九龍出生的台北英九兒，口出港澳乃我國領土之說法是如此的吻合。台北馬的腦袋宛如停格在五十年前，真是令人咋舌。不過，話說回來，當1950年韓戰爆發之後，中共被美國以及眾嘍囉隨從國禁運之時，若能偷運物資到中共匪區真是可以大賺一筆。香港商人，後來被封為愛國商人霍英東起家的第一桶金，即是從這種偷運過程中海撈一票。爾後，霍英東不僅被封為愛國商人，並受延納進中共官場之中，同時，更在董建華東方海外航運家族事業陷入1970年代末、1980年代初，世界航運不景氣泥沼而

---

[38]〈菲島三匪諜‧今押解來台〉，《聯合報》，1952.02.28，第一版。

瀕臨破產之際，董建華第一時間，希冀透由跟國民黨綿密的政商關係進行求援被拒之後，中共便透由霍氏居間穿梭以及中國銀行的挹注，使得董建華家族對中共的再造之恩銘感五內，而成爲聽話的乖小孩，並據此因緣際會地成爲香港第一任特首[39]。

1950年，一位菲律賓僑界的洪門分子，與菲華界政治活躍分子許志北也被控與共匪勾結，驅逐押解台灣後在1952年，被省保安司令部軍事法庭判處無期徒刑[40]。之後，由於許志北動用黨政關係以保外就醫的名義獲釋，但不旋踵立法委員林競忠便提出質詢，爲何讓許志北利用保外就醫名義放出大牢，於是，就在立委質詢壓力下，許志北遂於1954年9月重新被收押關進黑牢之中。爾後，林競忠立委又於1956年2月24日在立法院中質詢許志北一案，而總統府方面亦跟記者指出，許志北經軍法機關依法審判無期徒刑，但迭據各地僑團與僑領以及許之黨政友人先後上書呈府，以許病重懇請總統予以特赦或准保外就醫，本案內容與國防外交和僑務有關，於是總統幕僚長在簽報總統請示以前，認爲有先行徵詢各主管部門意見之必要云云[41]。此一事件在在表現出，許志北的關押與否，根本就是一個國民黨僑界各勢力派系鬥爭下的產物。

---

[39] 關於董建華東方海外一事，可以同時參見《國民黨治台片斷考》一書第七章，陳奕齊著，前衛出版，2010.01。

[40]〈在菲勾結共匪參加叛亂組織．菲華僑許志北判處無期徒刑〉，《聯合報》，1952.09.21，第一版。

[41]〈許志北案處理情形〉，《聯合報》，1956.02.25，第一版。

直至，1960年4月3日，許志北心臟病病逝於台北療養院，並在極樂殯儀館弔祭，出席人士包括了國民黨黨內傾向左派的勞工運動大老、創設文化大學勞工系的馬超俊和僑委會主委鄭彥棻等人，證明許氏跟國民黨高官有著相當綿密的關係，也間接說明許氏一案的始末起落，顯然是僑界各派系勢力鬥爭的鏡像呈現[42]。

如前所述，《華僑商報》記者林華新、編輯馬飄萍、撰稿員同時也身爲僑中教員的鮑居東三人被指爲共嫌，而先後遭受驅逐並遣抵台灣入監。比較幸運的是，林、鮑、馬三人沒多久便出獄，同時在台灣落地生根。據于長庚表示，鮑居東是個溫和謹愼的青年，個性忠厚、誠懇，身兼華僑中學童子軍教練，是個典型小資產階級。鮑居東在學校裡相當活躍，深受學生愛戴，並經常爲《華僑商報》撰稿，然而，由於菲華界的國民黨爲打擊異己，才選擇對鮑居東開刀，並加誣陷他在僑中升五星旗及唱中共國歌[43]。

後來，林華新跟鮑居東在台北市士林區德行里中山北路六段，創設了僑大木業和家具公司。迨至民國七十年，僑大公司已是家具業的龍頭老大，並帶動紅木家具業的風潮[44]。2006年3月美籍華人作家馬中欣指出，1991年1月2日，她和

---

[42]〈許志北喪明大殮〉，《聯合報》，1960.04.08，第三版；〈喪祭：各界弔祭．許志北喪〉，《聯合報》，1960.04.10，第三版。

[43] 參閱潘露莉訪問，〈于長庚先生訪問紀錄〉全文，收錄於張存武，《菲律賓華僑華人訪問紀錄》，台北：中研院，1996。

[44]〈士林區德行里——本里特色〉，http://www.taipeilink.net/cgi-bin/SM_ theme?page=437959b5。

朋友在僑大家具行撞見作家三毛在參觀選購家具，並據此指出三毛不可能於兩日後自殺的看法[45]。後來鮑居東活躍於木器同業公會和家具公會，而林華新則於1960年代，參與創設了台北市東區扶輪社並活躍於扶輪社相關活動之中。林與鮑出獄之後可以倚靠家具業白手起家，應該是與早期台灣從菲律賓和印尼進口原木加工的過往有關，而出身於菲律賓的林華新與鮑居東，菲律賓的木材進口成了他們倆進駐家具業的緣分與介面。

至於，在1962年，正當于長城跟于長庚兄弟第一次受到菲律賓政府，以「親共」與「爲匪宣傳」名義逮捕之時，出庭作證的華人之中，有位曾在菲律賓《大中華日報》擔任主筆，且同時身兼菲律賓國民黨十三分支部幹事的邢光祖先生。邢光祖於1962年出庭指控于氏兄弟後，翌年1963年，《大中華日報》及邢光祖本人，也受到檢舉指摘其報紙曾刊登的一幅，影射菲律賓法官不正直的漫畫。漫畫內容爲：兩個打官司的人站在一位法官前面，一人帶著一隻裝滿金錢的袋子，另一人的口袋上則飄著帳單，漫畫的標題是：「鷸蚌相爭，漁翁得利。」[46]這五個被告乃是發行人柯俊智、前任總編輯邢光祖、經理、業務經理，以及漫畫作者李某。當這親國民黨報紙的五位報人面臨驅逐遣配出境的命運之時，中

---

[45]〈美籍華人作家馬中欣提新說．三毛死因新說：不是故意自殺〉，中國：《新民晚報》，2006.03.16。

[46]〈菲政府指控《大中華日報》．一幅漫畫惹禍五人將被驅逐〉，《聯合報》，1963.02.22，第二版。

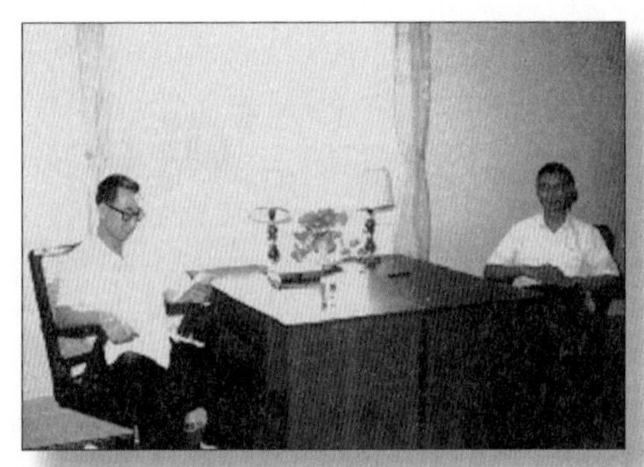
●于長庚在「生產教育實驗所」拍攝(照片由于家後人提供)。

華民國大使館遂出面跟菲律賓政府提出保證：「此五人將隨傳隨到，以取代保釋金。」但最終不爲菲律賓政府所同意[47]。《大中華日報》與邢光祖乃是國民黨自己人，因此，中華民國大使館對此事高度介入和關心也就不令人意外。

最後，邢光祖跟《大中華日報》其餘四人的案子被撤銷，但此件事情也著實反映出菲華僑界內部的糾紛跟鬥爭。《大中華日報》更透由台灣的《聯合報》，放出彼次事件乃先前《華僑商報》被控親共而心生不滿的報復。同時，更在新聞消息中指稱，菲律賓《華僑商報》因爲散布歪曲言論，並有充作匪諜嫌疑，遭受當地政府徹查，惱羞成怒，於是便利用菲律賓檢察官不懂中國成語以歪曲事實，誣控忠貞僑報，此種惡毒的陰謀是值得菲國人士警惕云云。這位權威人士希望菲國當局能夠重視這一個嚴重的問題，予以適當的處置，不要中了共匪「借刀殺人」之計，而落入親者痛、仇者快的圈套[48]。

---

[47] 〈菲華僑報人案，我大使館建議被菲拒絕〉，《聯合報》，1963.02.23，第二版。

[48] 〈菲遣送局同意對邢光祖案將再行調查〉，《聯合報》，1963.03.01，第二版；〈對菲《大中華日報》被控事各界表關切・盼菲適當處理勿中匪幫詭計〉，《聯合報》，1963.03.03，第二版；〈對《大中華日報》職員・菲總統已下令・解除放逐控訴〉，《聯合報》，1964.07.23，第二版。

1967年邢光祖響應蔣介石329青年節的文告昭示，參與「海外回國訪問僑胞，加盟討毛救國聯合陣線宣誓典禮」，以及出席中華文化復興座談會，並表示海外僑界堅決響應總統號召，矢志實踐中華文化復興運動。會後並發表了一份「討毛宣言」：一、熱烈響應總統號召的討毛救國運動及復興中華文化運動，以三民主義民族文化對匪戰鬥；二、在共匪崩潰日期爲期不遠，反共復國時機即將來臨之時，一定要具戰鬥性、時代性[49]。以上這些舉措在在都是爲了，因應國民黨宣稱的中華民國法統在1960年代末已面臨鬆動，而將歪腦筋動到僑界身上，企圖藉由海外「僑民」的效忠大戲鞏固自身統治的正當性，以免除內部民主化跟內部統治正當性不足的壓力。

此外，爲了加強國民黨政府對海外華人的宣傳和統一口徑（對事情見解統一的標準），1969年11月在台北也召開了「世界中文報業協會第二屆年會」，會中並提出一項議案「世界中文報業新聞道德公約」企圖將報業轉變成反共的發聲筒。爲此，香港亞洲出版社社長張國興缺席抗議，並由秘書處人員代爲轉達其意見表示：此「道德公約」內容不像新聞公約，反而更像是官方的聲明。邢光祖與政大新聞系前系主任徐佳士則出面反駁，最後公約稍微進行字面修正後照原案通過。會議中，邢光祖等報人亦曾提出的「爲響應文化復興之

[49]〈回國僑胞宣誓．加盟討毛陣線．矢志復興中華文化〉，《聯合報》，1967.05.22，第二版；〈海外文教會議定明閉幕．決定發表大會宣言．響應討毛救國運動．大會推定代表起草宣言〉，《聯合報》，1967.08.13，第二版。

號召，請擬定全球中文報紙宣揚中華文化辦法」臨時動議案[50]：

> 鑒於中華文化之博大精深，及各地中文報紙所處社會環境迥異，爰先提出簡易可行並能立奏成效之辦法四點如下：
>
> 一、請中華民國台北中央通訊社以新聞方式，經常供應中華文化復興運動之消息。
>
> 二、由中華民國國內中文報紙及中央通訊社，成立資料供應中心，定期供應符合中華文化精神之資料。包括文藝及論文等，供國外中文報紙採用。
>
> 三、請各地中文報紙聯繫當地電台電視，開設中華文化廣播節目，以提高大家對中華文化之興趣。
>
> 四、出版基於中華文化之連環圖畫及小説叢書，作爲當地中文報紙讀者之補充讀物。

這些動作在在皆是國民黨在其從國際肯認，轉化成對內威權統治的正當性逐漸鬆動之際，以及中共內部文化大革命

[50]〈新聞道德公約．逐條討論修正通過．矛盾意見歸於統一〉，《聯合報》，1969.11.05，第六版。

如火如荼展開之時，企圖收攏統一海外華人報界和僑界，以作爲國民黨乃宇宙寰宇間中國的唯一合法代理人之表現。在海外「僑界」萬眾歸心的烘托之下，國民黨阿Q式地展演了一齣對自我與對從眾的說服。台北馬最近在歐洲或者美國之旅，據說造成了許多跟台灣沒關係的所謂「僑胞」，甚至對岸中國人的「馬上瘋」和簇擁跟隨，此情此景跟三十多年前國民黨運用僑界的搞法，竟是何其的相似。作爲歷史過去式的台北馬，卻離奇地被寫成台灣歷史的現在式與未來式，錯置的歷史，錯亂的思維實在是莫過於此啊?!

1970年，當菲律賓《華僑商報》于氏兄弟再次被拘捕時，已經在台灣擔任政工幹校外文系主任，和在中國文化學院（文化大學前身）的英語系任教的邢光祖，再度從台灣飛抵菲律賓作證，爲于氏兄弟親共與爲匪宣傳一案作出指控。據稱，旅居菲律賓21年之久的報人教授邢光祖之所以不顧生命危險，毅然赴菲出庭作證控告于氏兄弟，據邢光祖本人說法有以下四點：第一、《華僑商報》煽動華僑青年示威暴動，可能引起類似菲國在西班牙時代的排華運動，使華僑的生命財產受到危害。第二、菲國僑社是海外愛國華僑的反共基地之一，如再任共黨猖獗擴張，勢將影響旅菲華僑的反共愛國運動。第三、中菲兩國唇齒相依，同爲構成防止亞洲大陸共黨侵略的防線基地，因此中菲兩國必須加強反共聯盟戰線。第四、他旅居菲國二十一年，菲國等於是他的第二故鄉，因此希望協助菲國僑胞反共自救，爲菲律賓、爲自己，也爲祖國而努力打擊共黨的滲透顛覆活動[51]。邢光祖更表示，此舉乃是為了安定僑社之故，其高風亮節的偉大情操，眞是令人折服啊?!邢光祖清楚明瞭的指控，也間接說明著國民黨對於「僑社」的思考定位與盤算究竟為何。

直至，1971年5月5日，邢光祖與因為白內障關係而雙眼幾乎失明的影星妻子杜驪珠離婚，結束了邢杜兩人21年的婚姻。杜驪珠的病痛與婚變讓她差點走上厭世之途，而據稱杜驪珠安頓好其在菲律賓的女兒之後，在陳文泉導演的安排之下將其下半輩子奉獻給孤兒服務[52]。

到了1978年中美斷交似乎已成定局之時，台灣島內的黨外運動和投入選舉之風也風起雲湧地到處展開，邢光祖與國內各大專院校總共186位教授，也聯名發表〈我們對當前國是的共同意見〉，企圖折挫黨外候選人高漲的銳氣和聲勢，並在聲明中指出[53]：

> ……我們這些大專院校的教授，鑒於今日國際政壇姑息氣氛瀰漫，有意無意地助長了中共匪幫的統戰陰謀，有危及我中華民族命脈和動搖我中華民國國本的趨向，忝為知識分子，心所為危，願為全國大眾進一言。……引為遺憾的是極少數所謂社會人士，不幸中統

---

[51]〈邢光祖教授昨表示．政府接受于氏兄弟．目的純為安定僑社〉，《聯合報》，1970.05.06，第三版。

[52]〈杜驪珠婚變目盲．後半生獻與孤兒．一度灰心厭世終告大徹大悟．尋求精神寄託願為赤子服務〉，《聯合報》，1971.12.18，第三版。

[53]〈國內大專院校教授發表國是意見．深信選民心目清澈明亮．投票前必能作睿智抉擇〉，《聯合報》，1978.12.11，第二版。

戰之毒，爲虎作倀，利用民主政制所賦予的自由，濫發議論，恣意攻訐，造謠以滋事，飾邪而熒眾，對政府作偏激的批評，於事實作昧良的歪曲，竟不知批評逾度，失去立場，歪曲過分，難以昭信。從最近增補選中央民意代表的競選活動中，我們發現這些少數人士，指點執政的黨和政府，居然說作一無是處。

他們已經忘記自己是中國人，已經忘記自己原是執政當局所培養出來的知識分子。他們竟然一筆抹殺卅年來，全國民眾在這復興基地以汗血換來的建設成果，而自己卻利用這些成果所孕育的民主自由，作競選的活動，這眞是無比的諷刺。這種競選的伎倆，我們過去在大陸上曾經看到過，較近的在越南、高棉和寮國，我們也曾目擊過，現在這些少數人士也想在我們這裡翻演，以爲我們的選民都是無知的，都是盲目的。他們籠絡一些政治垃圾和社會無賴，加以利用，對政府作刻毒的攻訐，對元首作惡意的醜化，他們的所作所爲，已經逾越任何民主國家法律所容許的限度……

愛國的「華僑」邢光祖，自居堂堂正正、結結實實中國人的邢光祖，跟國民黨在台灣競選挫敗後，屢屢在海外發狂的「僑胞們」其實是那麼高度的雷同。國民黨不願意誠懇地反求內在正當性，卻反過頭來不斷地將內部正當性的籲求以外延的法統以尋求對內的消音，使得認同問題在台灣不斷有被炒作空間，這當中的歷史基礎的奠基與深埋，國民黨實是功不可沒啊?!

1979年4月間，爆出了一件邢光祖對其兼任的東吳大學女學生性騷擾的醜聞，事情沸沸揚揚地在報紙上張揚吵鬧著，後來在監察院教育委員會對教育部要求施壓下，導致邢光祖在中國文化學院系主任和其他院校兼任的教職被解職。而邢光祖在接受記者的電視訪問時，說了一句：「在那種情形下（受到女學生挑逗誘惑下），任何正常的男人都會發生那種事。」之後，令致許多聽眾認爲邢光祖的回答太過糟糕，而在報紙被罵得臭頭[54]。反觀，後來成龍鬧出龍種一事後，說了句經典名言：「我犯了全天下男人都會犯的錯」後，不僅緋聞風波沒事，報章雜誌還稱許成龍的智慧。當年，許信良也曾講過類似「沒上過酒家，就不是男人」的話。邢光祖當年的那句話，眞可說是成龍和許信良的先輩版啊?!

更倒楣的是，邢光祖被解聘之後，親友和學生對他開始疏遠。到了1980年1月，邢光祖再婚的妻子終於留下絕情書棄他而去，並把邢光祖的房子賣掉攜帶女兒轉抵至夏威夷，於是，邢光祖的經濟與生活頓時陷入困境之中[55]。最後，1993年8月左右，一則文壇的消息指稱：「邢光祖教授已於

---

[54]〈夫子自道侃侃談．女生昏倒懨懨病絳帳洩春光．這種事說來荒唐．螢幕述緋聞．同學們替她叫屈〉，《聯合報》，1979.04.16，第三版；〈先生學生鬧緋聞．誰是誰非有議論．監委關切促教部查復．女生體弱赴郊區靜養〉，《聯合報》，1979.04.17，第三版；〈邢光祖所任教職．兩院校均予解除〉，《聯合報》，1979.04.18，第三版；〔大家談〕，〈杏壇緋聞擾人視聽．師道尊嚴必須維護．傳道授業應守禮．何必嘵嘵喋喋．先生學生誰的錯．一場是是非非〉，《聯合報》，1979.04.18，第三版。

[55]〈人與事：鬧緋聞妻離女散．邢光祖苦果獨嘗〉，《聯合報》，1980.01.24，第三版。

近月去世，享年77歲。邢教授爲上海大學英國文學系畢業，並獲馬尼拉遠東大學碩士；曾擔任師範大學、東吳大學、文化大學、政戰學校等校中、外文系教授。邢先生曾受溫源寧與錢鍾書兩先生啓迪，一生致力於文藝批評與比較文學，著述頗多，除文學創作外有《邢光祖文藝論集》、《中西繪畫的比較》等書及數種英文著作；三十七年間曾到馬尼拉負責《大中華日報》主筆兼主編，主持反共筆政，寫過千萬字以上的社論，直至1968年始返國定居。邢先生喪事由弟子李賢學、李永安等教授爲其治理。」[56]

就這樣，邢光祖在中國大陸待了三十年的歲月後轉抵菲律賓，投入菲華界的反共筆政21年，之後在台灣度過最後25年左右的時間。從大陸中國人到菲律賓中國人，以至最後在台灣以中國人身分入土。這一切過去的歷史，也就如同隨著當事人的逐漸逝去，而逐漸地風化變淡。

■曲終人未散

由於時代的關係，國民黨這一隻宣稱具有法統地位的大怪獸，爭逐著所謂「僑胞」，並在利益與派系衝突下，配合利用菲律賓反共的大旗，不斷地將與國民黨僑務看法不同，或作法不以爲然的異議分子後送回台下獄，這一切箇中的荒謬根本，即是那時代中的歷史錯置與扭曲下的一抹風景。

---

[56]〔文壇消息〕，〈文藝耆宿邢光祖去世〉，《聯合報》，1993.08.07，第三十七版。

于长庚
(1922–2007)

我們的父親與癌症搏鬥五年之後，於二〇〇七年四月十九日，在加拿大多倫多，安祥地與世長辭了。

他一九二二年九月十六日出生於菲律濱馬尼拉。是于以同與葛蕤谷夫婦的次子。其英文名字取自菲律濱民族英雄扶西·黎剎，他的童年是在中國廈門渡過的，後來又返回出生地。此後，他的一生就和商報緊緊地結合在一起。

他在其父親、兄長于長城和同事的培養下，成了一名新聞記者。其父創辦商報的理念是："只有媒體自由獨立，眞理才能勝利"。我們的父親一生從事新聞生涯，擔任商報的編輯，他也誠實公正地堅持同樣的原則，他雖然承認人性的弱點，但總是認爲人的本性是善良的。

他將受到愛妻林瓊鳳，子女和他們的配偶慶德及譚麗賢，慶平及趙慕卿，慶瑾，慶東及 Maria，慶漢，慶珏及Bernie，慶珀及余志強，內孫拓機、拓星、拓仁、拓偉、拓明、拓宙、拓禪、拓益、外孫麥拓智、余開平的永遠懷念，他的姐妹茵蕙、茗蕙和苓蕙及許許多多分散在世界各地的親人也不會忘記他。

我們一家將於今年年底聚集在加拿大西岸頌揚他的一生，此外不舉行其他儀式，他的骨灰將會撒播在太平洋，流向他稱之爲家的地方——中國、菲律濱和加拿大。

他是一位忠厚誠實，有原則，處處爲別人設想的好人，我們會永遠牢記他。

兒女
慶德、慶平、慶瑾、慶東、
慶漢、慶珏和慶珀

● 于長庚於2007年4月19日在加拿大過世，此為當時所發之訃聞(圖片由于家後人提供)。

同時，隨著台灣社會對歷史的選擇性遺忘與刻意漠視，《華僑商報》一案的歷史也就被淹沒在健忘的台灣歷史荒煙蔓草堆之中。那年，離奇的于氏兄弟案儘管落幕了，同時，此段歷史的主要當事人于長庚先生已於2007年4月19日，在加拿大多倫多家中與世長辭，但是，只消看看台灣檯面上政客的言行、看看揮舞國旗者的憤怒情緒、看看海外所謂「僑胞」對子彈門（泛藍的對319槍擊案的對外文宣手冊）的執著、看看歐洲、美國「馬上瘋」但跟台灣都沒關係的馬迷們、看看台灣社會許多錯置的歷史和錯亂的思維、看看爾等面臨的許多困境時，吾人方才驚覺，其實這一切根本是「曲終人未散」啊?!

那段歷史的幽靈，不斷以倒影跟折射的姿態，困擾著當前的台灣社會，並以「認同問題」作爲表現。夠了，夠了，眞是夠了，可否就讓「上帝的歸上帝，凱撒的歸凱撒」，國家是一回事，血緣文化又是另一回事呢？我內心不斷祈求著?!

2006.04.17，荷蘭萊頓

尋找「雞頭」

斬雞頭考

■楔子

消失江湖甚久的「斬雞頭」咒詛發誓之必殺祕技，在2006年台北市長選舉中再度重現江湖；同時，操刀斷雞頭之人，乃是由代表台聯角逐是屆台北市長寶座，並看似手無縛雞之力的女性「楣體」人周玉蔻。儘管，周玉蔻在2006年6月9日到台中縣大甲鎮瀾宮上香操刀斬雞頭，乃是爲解決其與鎮瀾宮董事長兼立委冬瓜標之間的中傷誹謗糾紛，且刀俎下斷頭的是「素雞」而非活跳跳的白雞，但是「斬雞頭」的儀式與用意，依舊被順利地展演施行傳達[1]。

事實上，「斬雞頭」曾經以上乘的選舉花招與競選必殺祕技，被十幾、二十年前的候選人作爲選舉策略使用。當然，彼時此些候選人鮮少選在「司陰陽，察善惡，辨是非，定功過」的城隍爺面前，用「白雞斷頭，明其爾志」的類比

[1]〈問鼎北市：我是清白的！周玉蔻斬素雞．向鎮瀾宮媽祖發誓〉，Ettoday政治中心／綜合報導，2006.06.09。

●在高雄市的「三鳳宮」，不知見證了多少隻雞的身首異處呢(著者攝)。

方式，起誓造假說謊之人，將如同雞頭一般頭落地。反倒是，當時的候選人總是選擇一些無關痛癢的廟宇，作爲斬雞頭的表演舞台；畢竟，這些候選人內心明白得很：「我不管他是生癬生瘡，我只和他們生癩；我不管他是講雞講鴨子，我只合他們講鵝。」一切起誓純屬唬濫，一切咒詛皆是胡說八道，儀式與造勢罷了。至於，斬雞頭候選人的起誓內容應否當眞，就如同處宗談雞一般，清談與玄談爾。以高雄市祀奉三太子的三鳳宮爲例，在過去的年代中，一到選舉期間，三鳳宮即成了「斬雞頭」的專屬舞台，管它啥雞，雞到三鳳宮，必定身首異處。

至於，源於民間信仰表現之一的「斬雞頭起誓」，原本是類似於美國人按聖經宣誓一般，是爲了讓人與人之間已經失卻、不存或早已鬆動的信任基礎，得以重構或重新取得彼此認可的公約數。因此，在神明見證下的「斬雞頭」儀式，便成爲操刀屠夫者，明心表志的象徵。誠如，在香港一度流行且俗稱「燒黃紙」的斬雞頭，乃是民間的一種發毒誓的形式，其儀式的展演進行，是由廟內執事取出早已準備好的菜刀、砧板和雄雞一隻，一刀斬下雞頭，讓雞血灑在寫有毒誓的黃紙上，再將黃紙焚燒，方爲了結。後來，早年香港法庭處理一些無頭案時，也會利用此種民俗心理，土洋結合，以便「斬雞頭，斷疑案」。

事實上，至今在台灣也偶會發現「燒黃紙」的儀式出現。就以1993年，風靡全台的《包青天》電視劇中的主角，因戲結緣準備在戲外也上演一齣現實版的「義結金蘭」，歃血、燒黃紙跟斬雞頭的儀式，都曾被提出討論其可行性呢[❷]。直至，幾年前桃園大溪廣澤會館賴姓堂主被控：「長期收編不良少年爲八家將，以廟會活動向店家強收香油錢，行徑如同宗教流氓，被警方列爲『治平專案』對象移送法辦。」據警方指出，此位堂主強迫每位參與青少年成員必須要斬雞頭、燒黃紙及紋身等步驟才能入會，並藉此吸收上百會員云云[❸]。從上可知，「燒黃紙」此一起誓咒詛的宗教儀

❷〈包青天撮合一段良緣．七條好漢假戲眞做．開封府外義結金蘭〉，《聯合晚報》，1993.07.05，第十六版。

❸〈掃黑：疑爲宗教流氓．堂主送辦〉，《聯合晚報》，2004.05.19，第B4版。

式，在台灣民間仍然存在。

「斬雞頭」，眞可說是像沙龍巴司一樣好用。不論是爲了洗刷送綠帽妻子或姘頭者的嫌疑，抑或是爲澄清搞大某家女兒肚子的元凶誰屬者，「斬雞頭」儀式也會被端出，以作爲前DNA時代的「採證科學」和心理學。就連不肖員警謊報失槍，也會被要求「斬雞頭」，以作爲早年的測謊技術之一[4]。1967年9月20日，石岡鄉鄉公所鄉長跟主計員爲了究竟公庫支票是誰幹走，也上演一齣斬雞頭戲碼[5]。至於，2006年台灣立院動物園的立委林益世，因在立院刪除欲編給發展遲緩兒機構的早期療育預算而深受社福團體公幹時，林益世便藉由立院質詢場合，逼迫衛生署無能官員承認早療預算被砍，乃是衛生署的錯誤所致，以便替自己行爲卸責的蠻橫行徑，跟1980年1月謠傳台北縣議員趁北縣國中預算的審查，以脅迫國中校長請客吃飯一事曝光後，台北縣議員爲求自清，要求校長們當眾斬雞頭替議員洗刷罪名[6]，果眞如出一轍。林腦殘立委大人益世，應得要求無能衛生署官員斬雞頭，以確保林立委大人的清白才行呢！

至於，官員、民代間的貪汙和紅包收受的相互指控，每每就會以「斬雞頭」來作爲自我清白的必殺祕技。於是，考察解嚴前台灣「政治」的骯髒程度，事實上也可以從「雞

[4]〈誘姦友妻．判爾徒刑〉，《聯合報》，1955.07.29，第三版；〈死在偷來的槍下．羅立柏誓言應驗〉，《聯合報》，1984.04.18，第五版。

[5] 何凡，〔玻璃墊上〕，〈爲雞求首〉，《聯合報》，1967.09.23，第九版。

[6]〔黑白集〕，〈斬雞頭〉，《聯合報》，1980.01.31，第三版。

頭」落地的數目，作爲正相關的函數的合理推敲呢。事實上，城隍爺乃是「政府官員」的此一職業的行業神[7]，此些「官虎們」依舊心存畏懼不敢造次，因此，「斬雞頭」的舞台就鮮少在城隍廟廟埕搭設進行，而選在各種千奇百怪的廟宇神祇前舉辦。

■雞頭與政治

話說，首開「斬雞頭」選舉花招以博取選民信任風氣之先的，當屬1977年高雄市長候選人王玉雲與省議員候選人趙繡娃，彼此互控貪汙的戲碼下開始出現的。1977年11月13日，趙繡娃及其父親趙善標在旗津區中州廣濟宮政見會上「斬雞頭」，翌日趙繡娃與被指控受王玉雲包庇炒地皮的王慶禾，又分別在三鳳宮與苓雅區「聖公媽」廟分斬雞頭。王慶禾愈斬愈high，一路從聖公媽、三鳳宮斬到高雄鼓山區代天宮；迨至是年11月17日，王玉雲與王慶禾全家近十人在高雄市政府前廣場搭台下跪、嚎啕大哭，並以斬雞頭明志，表明趙姓議員指控貪汙五十億之事，乃子虛烏有之事[8]。哭、

❼ 參見李喬，《中國行業神崇拜》，台北：雲龍出版社，1996。

❽〈選壇掀起新風暴．互揭底牌談錢財．趙繡娃揚言斬雞頭．王玉雲說她耍噱頭〉，《聯合報》，1977.11.14，第三版；〈表明心志何必殺雞．佛門星雲法師．呼籲放下屠刀〉，《聯合報》，1977.11.15，第三版；〈高雄選戰火辣辣．刀斬雞頭血淋淋〉，《聯合報》，1977.11.15，第三版；〈看省議員選舉大勢．瞧這兩天最後衝刺〉，《聯合報》，1977.11.17，第三版；〈王玉雲表明心跡．發重誓拈香斬雞．廣場搭高台全家下跪．說到被冤處號啕痛哭〉，《聯合報》，1977.11.18，第三版；〈市長殺雞淚漣漣．太座說來悲切切．貪汙五十億居然有人相信．再不發重誓莫非默認罪名〉，《聯合報》，1977.11.19，第三版。

下跪與斬雞頭的競選花招，可說是由老政客王玉雲在1977年年底高雄市長那一役中，首開風氣之先。

趙繡娃與王玉雲的「斬雞頭」較勁，起因來自於高雄市市長候選人王玉雲，在高雄市市長（省轄市第八屆市長選舉）選舉私辦政見發表會上，揭發趙繡娃的父親趙善標，要求王玉雲給他高雄市地下街興建完成後的乾股，以及指控趙繡娃利用省議員特權租用台銀八德一路別墅轉售，圖利一千三百萬元云云。於是，據說趙繡娃便在競選宣傳車內隨時準備一隻白雞、一把菜刀，追著王玉雲斬雞頭發誓。終於，王玉雲與趙繡娃在高雄市三鳳宮的公辦政見發表會上同台碰頭，趙繡娃便在政見演講完之際，當著上萬民眾面前以啜泣的口吻發誓說：「我趙家父女，如有要求地下街乾股，或有王玉雲所說圖謀暴利一千三百萬元，我當場死掉，如果沒有，王玉雲就像這隻雞一樣斷頭而死。」

競選市長的王玉雲，不僅受到趙繡娃的「斬雞頭」追殺，黨外市長候選人洪照男，更是緊咬王玉雲家族各種貪汙舞弊的傳聞不放，受到夾殺的王玉雲終於被迫整個家族集體亮相斬雞頭，並當眾起誓賭咒曰：「中華市場案如果像洪照男、趙繡娃、周平德所說的，我太太拿了一百萬元；四大工程弊案如果與我王玉雲有關；我太太如果也像他們所說的在台北開賭場；國術會弊案、四信弊案如果也與我有關，我們全家也同樣活不過今年過年，隨雞頭而去。」[9]那年，儘管

---

[9] 請參見楊青矗，《美麗島進行曲——衝破戒嚴（第一部）》，頁152，台北：敦理出版社出版，2009。

有傳言說國民黨用作票方式把黨外候選人洪照男拉下，王玉雲最終仍是當選了省轄市第八屆的高雄市市長，同時，王本人當然沒有隨著應聲而斷的雞頭而去；反倒是，王玉雲因爲2000年爆發的中興銀行超貸與背信弊案而受到起訴，最後在2007年4月被判刑七年定讞後落跑中國，並於2009年8月17日客死異鄉國度之中，享年八十五（1925.03.22~2009.08.17）。

爾後，「斬雞頭」必殺祕技遂開始在大大小小的選戰中，被候選人當成重要競選武器使用，並且持續不墜近20年。由於，1970年代的國民黨政權從聯合國被踢出之後，屋漏偏逢連夜雨再次面臨兩次石油危機的衝擊，國民黨遂利用選舉的擴大化，廣招台籍政客進駐分享權力與利益大餅，以便穩固已經赤字化的統治正當性，於是乎，選戰日熾、競爭日益激烈化，再加上黨外候選人的聲勢，隨著國民黨吹噓的法統在台美關係日益不穩之際而逐漸壯大，「斬雞頭」遂從1977年開始，大規模地被用在選戰過程之中。這也埋下了台灣日後「選舉萬歲總路線」的民主改革路徑。

1978年中美斷交在即，國民黨的「中國」神主牌行將徹底破功之際，是年中央增額立委停選，隔年1979高雄市升格，讓高雄市長可以從競選變成指派，同年底美麗島事件的爆發等等，國民黨一路不斷限縮選舉法律假期與試圖冷凍降溫選舉的熱度，以穩住其政權鬆動之危機。於是，選舉場合上的「斬雞頭」就蒸發了好幾年，讓雞隻兄弟姊妹們過了四年的太平日子，直至1981年11月4日，屏東縣縣長候選人李慶和在屏東竹田國小政見發表會上，斬下沈寂四年後的第一顆雞頭，以表明其未收受另一名國民黨候選人三百萬元以擾亂客家選票，以便間接保送國民黨候選人上壘[10]。李慶和的雞頭落地意欲表明的是，其沒有利用「犧牲打」來保送成就另一位候選人的安全上壘，當年李慶和陷入的清白難題，跟爾後1994年台北市長「棄黃保陳」（棄黃大洲保陳水扁，抑或用黃大洲瓜分趙少康的選票，讓陳水扁當選），以及2000年總統大選中「棄連保陳」（用連戰拉下宋楚瑜，保送陳水扁）的選戰格局如出一轍。不論如何，1980年代之後，「斬雞頭」的戲碼在競選場合中被大力度的使用，此後台灣的雞，每到選舉即猶如置身在死神陰影下的無盡驚懼之中。

爾後，黨外勢力在美麗島大審後，不僅未見消沈反倒急速膨脹的情形下，選舉更加白熱化，不論是同黨操戈抑或是黨同伐異，雞頭不知斷多少，於是一位名叫邱炳的仁兄便作了一首〈雞鳴不已〉的打油詩：「每逢選舉斬雞頭，何事與君結深仇？民主國家選舉多，問君我有幾多頭？」以爲調侃[11]。那年，黨外蘇洪月嬌跟雲林縣省議員李三雲，差點到北港媽祖廟「斬雞頭」[12]；同爲黨外的宜蘭縣省議員候選人張川田，嗆堵游錫堃到城隍廟斬雞頭，由於游未現身而作罷[13]。

值得一提的是，省議員候選人張川田跟游錫堃之間的

---

[10]〈李慶和斬雞頭．發誓沒拿錢攪局〉，《聯合報》，1981.11.05，第三版。

[11] 邱炳，〈人間煙火．雞鳴不已〉，《聯合報》，1981.11.10，第十二版。

[12]〈許哲男蘇東啓狹路相逢．先祝福後口角幾乎打架〉，《聯合報》，1981.11.10，第三版。

[13]〈陳定南邀約賭咒．邱益三接受挑戰〉，《聯合報》，1981.11.12，第三版。

斬雞頭邀約事件。此一事件，乃是起因於疑似游錫堃陣營放出，張川田在上屆省議員選舉時，收受了林義雄廿萬元隨即被搓圓仔湯而退選，讓張川田是次競選深受流言之害。由此一事件可知，選舉的競爭不只是在國民黨人之間，縱使同是「黨外」陣營的同志間，也是陷入拉來扯去的泥沼之中。「選舉」眞可說是「政治場域」上的市場競爭行爲與表現。總之，1980年代之後的選戰場合中，「雞頭」幾乎宛如是旺旺仙貝一般，成了選戰必備的主要貢品之一。

■雞頭與經濟

然而，「雞頭」除了作爲選戰貢品之外，凡是涉及「信任」和「信用」的場合中，依舊隨處可見滿地的無頭雞。又以1987年爲了P（捧）時任高雄市長蘇大頭南成的LP（爛葩）的議員陳村雄，兩度跳入愛河之中，並宣稱回家後發現西裝口袋中竟然有從愛河撈起的螃蟹，以此證明大頭成（蘇南成）市長愛河整治的成功。2000年之前，愛河其臭無比，乃高雄人的夢魘，陳馬屁議員村雄桑爲了向議場內訕笑之民眾，證明那隻螃蟹的眞實性而非其PLP之花招，而在議會門口手斬白雞頭起誓[14]。台灣社會也眞是奇怪，愛河整治成效如何，不是信口開河即可，水質檢驗不是證明了一切嗎？台灣社會普存的反智現象，「政治」絕對是最佳推手。

---

[14]〈兩度跳愛河流言中傷．舉刀砍雞頭淚水奪眶〉，《聯合報》，1987.04.24，第五版。

再者，當年「斬雞頭」文化的復甦現象，除了是因爲政治和選舉高度競爭下導致信任關係早已瓦解所致之外，1980年代的台灣社會在美國「不公平貿易」的威逼之下，國內市場逐步從過去的管制中鬆綁，並帶來了各行各業之間秩序和彼此信任的瓦解。換言之，1980年代的台灣社會，除了以民主化爲名的政治場域中的鬆綁之外，國民黨政府對國內市場的各種干預，也在「經濟自由化」的口號下逐漸鬆綁，帶來了台灣各種產品和行業的市場競爭。因此，1989年7月，新竹縣竹東地區14家錄影帶租售業者，爲防止同業私自降租破壞租售行情，也提議要到北埔伯公廟「斬雞頭」，以起誓作爲內束的團體公約，後來因地方人士反對而作罷[15]。

事實上，誠如馬克思的執友恩格斯（Von Friedrich Engels）在《費爾巴哈和德國古典哲學的終結》裡說過：「實際上，每一個階級，甚至每一個行業，都各有各的道德。」亦即，台灣的「斬雞頭」起誓的復甦，反應舊有的政經秩序跟規範在市場化的競爭引進而瓦解之時，新的規範無從建立所致。因此，竹東錄影帶出租商家的「斬雞頭」提議，其實是類似於傳統漢人社會之中，每個行當中「行業神」的供奉之作用相類似。傳統漢人社會的行業神，通常會由同業組織以爲祭祀，藉由對行業神的供奉祭拜過程中，團結和約束同幫人員，而達到維護行業或幫行利益的目的[16]。

---

[15] 〈竹東錄影帶業防止私自降價．改採押支票方式相約束〉，《聯合報》，1989.07.02，第十五版。

[16] 李喬，《中國行業神崇拜》，台北：雲龍出版社，1996，頁57-59。

■雞頭進補下的民主化

從斬雞頭的考察中可發現，台灣政治領域與經濟領域愈加市場化，且新的社會規範或公約已然失效之際，人和人處於競爭日益激烈的彼此廝殺局面，於是，「斬雞頭」遂起著個人信用的再預支與團體公約內束力的再黏合的作用。同時，反面看來，這也說明了所有社會的公約規範，一切個人的信用保證，早就是明日黃花，作古去了；至於，最後的權威信用單位——不論是大社會中的各種制度性的信用保證，如國家或司法，以及種種可感知但不可見的無形社會規約，抑或是小社會中的各種行業公會、團體規範等等——也因為信用破產而在遲遲無法建立之下，神明和雞頭遂被請出場以為仲裁。從雞頭的觀點看來，蔣家大神所豎立的威權時代的倒下，與其說是蔣偉人死前突然良知發現將權力釋放給小民們，不如說是各方「雞頭」斬久了，終於有那種「屌」去斬大神們的頭，進一步要求放權讓利，而在現實上奪起權來了。畢竟，雞頭斷得越多，表示各方人馬對於單一權威的仲裁指令愈加輕視與欠缺信任，而只相信在自己也有分參與的前提下，才會安心與重拾信任。

台灣所謂的民主化，是建基在選舉火熱化的基礎上，畢竟「斬雞頭」花招意味著選舉肉搏戰、競爭白熱化且競選灑錢如流水，一旦選上則要求經濟大餅的下放以彌補選舉支出，然後又要求政治權力的更加下放，以便吞食更多的利益大餅。於是，選舉市場化就成了此間所謂「民主化」的代稱。拚選舉等於拚經濟，拚經濟又得拚選舉，威權時代及其豎立的大神們，就逐漸在「雞頭」越斷越多的實情下，被棄如敝屣而無情地被斬下了。

雞頭太小，在1982年1月中旬，桃園縣議員選舉第四選區某位候選人，原本決定在投票前夕「斬牛頭」，以象徵斬斷「金牛」候選人；後因牛頭太過血腥且桃園縣委會認為此舉違反選罷法，宣告「牛頭」斬不得而作罷[17]。此事件更說明了「金牛」早在蔣經國後期，透由放鬆選舉活動與擴大招募本省人分享權力，以對內索取統治正當性與合法性時，競爭激烈與灑大錢的選舉活動中，金牛早已紛紛湧現且黑金結構的誕生已然胎動。國民黨2000年敗選之後，企圖經由跟李登輝切割的方式一併告別黑金的作法，忽略了黑金的歷史與結構起源，早就深埋進蔣經國晚期的國民黨求生轉型的路徑選擇中了。這是為何，國民黨廉價地切割與驅逐了李登輝，區長馬英九仍然有「馬利」貪財兄弟、台東縣長吳俊立貪汙後的補選案，但是馬島主仍然一味支持貪汙縣長吳俊立前妻鄺麗貞替代的原因；畢竟貪汙、黑金的結構乃是國民黨1970年代、1980年代，以至挺進1990年代政權延續的天香九轉續命丹啊！此一結構不切割，台灣眾藍教頭們，殷殷期盼台北馬治下的台灣島會弊絕風清，那恐怕得斬此些甕裡醢雞般「藍教頭」的頭以發誓了吧?!

---

[17]〈「斬雞頭」已不新鮮．「斬牛頭」對抗金牛〉，《聯合報》，1982.01.15，第三版。

當然，「斬雞頭」起誓以明志的意義，也常會被嫁接跟挪移。除了上述「斬牛頭」之外，前民進黨高雄市立委候選人朱星羽也是「每場一頭」，幾乎場場政見發表會都會斬一頭，但是此頭已非雞頭，而是被謔稱爲「哭爸村」行政院長的石膏頭[18]。或許大家以爲朱星羽激進，可實情遠非如此。若說朱星羽此舉作秀尚屬公道，作秀手段激烈也符合現實，但說其立場或主張激進，那可是對台灣的政經體制不甚了了所致。

當年反軍人干政運動的參與者，以及後來的政治社會學者的詮釋，多以郝柏村將軍爲主要目標，成了李郝鬥爭的延長火線。事實上，郝柏村只具有象徵意義，重點不應只是郝柏村個人，而應該進入到台灣戰後的發展脈絡中考察。台灣在蔣介石治下，打造出一套特別的「戰時體制」，海陸空三軍將官滲透各部門，退休或轉役將官可以成爲大使、武官、到國營企業、華航、各港港務局等等各單位去，各部會機關行號幾乎有軍人將官的影子，軍方裹脅滲透染指政府機關之大部。台灣所謂「民主化」，某種程度上是「國家正常化」，亦即從軍方掌控的手中脫離出來的過程。譬如省屬交通處處長早期是陸軍擔任，是用軍事後勤補給做藉口，港務局局長則多由海軍出任以爲戰備顧慮。直至，前一陣子軍方佔據高雄的13號碼頭，才終於撤出交回。國家從戰時體制開

[18]〈拜票花招千奇百「怪」．有人「每日一怪」．有人「每場一頭」．斬雞頭畫符咒．選舉怪招人人不同〉，《聯合報》，1992.12.15，第二版。

始往承平體制正常化過程，是台灣所謂「民主化」的主要內容啊！

■「選舉萬歲」：選舉成爲一種市場競爭，候選人作爲一種商品

由於選戰愈趨白熱化，政治選舉公關公司也在1991年年底，第二屆國大代表選舉過程中雨後春筍般地開張，而對準選舉公關此塊市場。原本以培訓商業專業經理人爲主的中小企業專業經理人協會，也轉進搶食此塊競選大餅，爲培訓選舉師爺人才，企圖以理性、專業的培訓告別過往那些「斬雞頭」等前現代選戰伎倆[19]。選戰行銷專業化的趨勢，愈加明朗。到了1994年一套「台灣模擬選戰」的遊戲軟體出台，匯集全台各縣市地理、人文背景資料，且玩家可以運用挖樁腳、鬧場、拜票、廣告、黑函與斬雞頭等招數，與選戰對手對抗[20]。「斬雞頭」作爲一種前現代的競選策略，被收放進虛擬遊戲中，於是，一種具有後現代的況味的選舉遊戲，也間接揭露著民眾，已經在台灣社會過度且消耗的選舉海陸空三位一體的動員過程中疲乏，而對於改革熱度的悸動逐漸地失溫中。

---

⑲〈培訓「選舉師爺」點子・新專業經理人協會・月底將開辦研習營〉，《聯合報》，1991.08.05，第三版。

⑳〈愛國者遊戲寶島版・選舉遊戲戰將先修班〉，《聯合報》，1994.11.05，第四十二版；〈電玩資訊站：選戰熱・正義戰〉，《聯合報》，1994.11.22，第十六版。

不過，值得一提的是，儘管「選舉公關公司」是伴隨著九〇年代初，國會全面改選的推波助瀾之下而遍地開花，但論及把「選戰」當成一門專業和技藝加以科學化的操作實踐，便不得不提到莊文樺此位競選鬼才。據說，出身彰化芬園農家子弟，畢業於政大法律系的莊文樺，16歲即熟讀《孫子兵法》，鑽研史書，讀大學時更潛心於軍事謀略與政治學。當時，楊金虎四度問鼎高雄市長寶座落敗之後，再接再厲地展開第五次對抗國民黨提名的候選人，時值27歲之齡的小伙子莊文樺，便受聘爲楊金虎市長候選人的競選總幹事。在莊文樺的出謀劃策與領軍之下，使出「郭國基一票，楊金虎一票」的夾帶方式，利用郭國基的氣勢硬是讓國民黨提名的陳武璋敗北飲恨，最後不僅把已臨七十古稀之年的楊金虎，送上1968年第六屆高雄市長的寶座，同時更開創了當時台灣選舉史上得票最多的風光一頁[21]。

爾後，莊文樺本人親自投身選舉，從1972年到1977年，五年內參與了四次選舉，包括兩次省議員（1972、1977）、一次高雄市市議員（1973），以及一次立委選舉（1974），除了高雄市市議員之外，餘皆落選。由於，莊文樺本人將「競選」本身視爲是一種「專業技藝」而非理念實現，於是，1969年台灣史上第一次增額立委選舉，莊文樺便投身爲國民黨提名的謝國城助選，並與黨外領袖黃信介對抗。是故，縱使莊文樺本人是以「黨外」（國民黨之外的人士）身分出馬競選，但

---

[21] 王耀德，《南台灣的政治天空》，高雄：作者自行出版，1994，頁87-93。

外界對其「黨外」立場頗多質疑。再加上，彼時國民黨擅長廣收「抓扒仔」（情治眼線）以拉出打進的方式，滲透、分化、監控台灣社會各種人民的活動和思想，以展開白色恐怖的統治，因此，把「選舉」當成行銷包裝而非道德與信仰的莊文樺，在當時，也就免不了有「警總特務」的流言蜚語加身[22]。但曾任高雄《美麗島》雜誌社辦公室主任的「工人作家」楊青矗，還是認爲莊文樺並非外傳的「警總特務」[23]。

從莊文樺根據其個人十餘場選戰經驗，所累積結晶的《競選縱橫談》一書中可知，莊本人對於政治跟選舉本身的看法是相當「馬基維利式」（machiavellianism）的，亦即爲達勝選，手段將無關道德。因此，以「現代縱橫家」和「選舉鬼才」看待莊文樺，會比起用所謂帶有反對國民黨理想色彩的「黨外」，更爲適合莊氏本人。《競選縱橫談》一書，是莊文樺將「競選活動」當成一門學問進行專研，而區分成理論、敘述、應用，並形成定理等四部分組成[24]。可見，利用「道德」跟「理想」來衡量要求，甚或指控莊文樺搖擺的政治立場，自是多餘。從莊文樺個人在高雄主編的《雄風》雜誌上所發表的，〔競選藝術講座〕專欄中的文章，更可確認其眞不愧是台灣當代選舉行銷學之第一人。連希特勒的群眾演說技巧，也是莊文樺本人學習效法的優良教材呢[25]。據

㉒ 翁廷訓，〈關於郭雨新的島外候選活動〉，《台灣時代》，第六期，1979.1，頁13-16。

㉓ 關於莊文樺與「警總特務」身分的糾纏和其當時鬼才般的競選才華，可參見楊青矗《美麗島進行曲——衝破戒嚴（第一部）》一書頁141-166記載，台北：敦理出版社出版，2009。

㉔ 莊文樺，《競選縱橫談》，高雄：現代潮流出版社，1972。

㉕ 莊文樺，〈希特勒的群眾演說〉，《雄風》第七期，頁18-20，1974.07。

說，1972年莊文樺的省議員選舉私辦政見演講場合上，其勇猛敢言所捲惹起的旋風及民眾瘋迷程度，幾乎無人能及；同時，莊文樺本人深信那次選舉他實際上早已當選，只因爲言詞炮火太過猛烈，國民黨無法忍受才用作票方式把他拉下馬哩[26]。

之後，身揹眾多官司的立院羅董大哥福助兄，在1995年選上立院司法委員會召委後，引起民進黨與外界輿論抨擊，已經跑路的立院院長劉松藩被控介入，急得劉跑路院長揚言「斬雞頭」以撇清[27]。斬雞頭戲碼仍會不定期地就在某個議事廳，或者政客官員被控貪汙的澄清場合中出現或被提及。迨至1998年，動物保護法通過之後，「斬雞頭」成爲可能潛在違法的行爲，再加上新興電子「楣體」已高度活躍，新聞需要量相當大，且血淋淋的斬雞頭畫面不僅不宜入鏡，更會讓候選人公眾形象反倒扣分，於是，「斬雞頭秀」就逐漸地沈寂消失。

不過，斬雞頭還是偶會出現報端。2000年11月17日，在台中縣議會廟堂中，剛好有來自豐原市瑞穗國小學童在議場旁聽，某張姓議員跟市長廖永來槓上，隨即在議場上擺出兩隻素雞與菜刀一把，並在小朋友面前展演一齣「刀刃素雞頭」的質詢[28]。又2002年1月，在嘉義縣義竹鄉鄉長競選期

---

[26] 楊青矗《美麗島進行曲——衝破戒嚴（第一部）》，頁154，台北：敦理出版社出版，2009。

[27]〈司法會選舉立院長介入？劉松藩喊冤揚言斬雞頭〉，《聯合報》，1997.04.11，第四版；〔社論〕，〈議長斬雞頭〉，《聯合晚報》，1997.04.12，第二版；〈羅福助話題，劉松藩邀立委發毒誓〉，《聯合報》，1997.04.12，第四版。

[28]〔新聞窗〕，〈壞榜樣〉，《聯合報》，2000.11.18，第二十版。

間，因爲錯跟許信良而住進政治套房的，出身三月學運民學聯的翁章梁投入鄉長選舉中，遇到了對手李春茂邀約到濟公堂「斬雞頭」發誓，堪稱有辱斯文的舉措，讓翁章梁興趣缺缺而拒絕出席斬雞頭秀場[29]。不過，翁章梁後來鄉長敗選，不知道跟雞頭沒斬有無關係啊！

事實上，跟「斬雞頭」秀一道出現的，且仍被當前候選人踐行採用的，則是王玉雲的選舉「男兒淚」與「男子膝」。在1977年那場高雄市長選舉過程中，王玉雲不僅斬雞頭，也帶領全家向選民下跪，並流下男兒淚。爾後，選舉秀場上的流淚與下跪也時常出現。1982年4月，《聯合報》爲此在某篇專欄上也曾寫下：「下跪就能得票，民主豈不在相互施捨同情？」[30]的質疑時，對照《聯合報》極度呵護的宋盼仔楚瑜和連阿舍戰，爲了2004年台灣總統寶座而下跪、痛哭與親吻土地的舉措，眞是諷刺啊！

帶領流下男兒淚戲碼風潮的前高雄市長王玉雲，在2006年6月1日到立院跟爆料王子邱假髮毅陳情告狀，企圖將王家中興銀行掏空案，轉移成第一家庭會計師賴春田染指掏空中興銀，據此影射高雄南霸天王家跟中興銀，乃是在阿扁政治打壓下被五鬼搬運而瓦解[31]。王玉雲的淚流戲碼眞是三十年如一日啊！

---

[29]〈義竹鄉長選舉扯出建設課長圖利自家人．指控黃添祐父子三代向神明申冤〉，《聯合報》，2002.01.14，第十八版。

[30] 陳清喜，〔話題與觀念〕，〈膝蓋與政治〉，《聯合報》，1982.04.14，第三版。

[31]〈控財部掏空中興銀．王玉雲向邱毅陳情〉，《自由時報》，2006.06.02。

2006年6月初，周玉蔻的鎮瀾宮斬素雞頭的舉措，讓塵封已久且具有歷史性的「斬雞」文化讓人重新憶起，也興起寫就「雞頭考」的文章。2008年11月，中國海協會會長陳雲林訪台期間，上演了多齣暴警街頭打人秀、北投警分局分局長李漢卿強關上揚唱片行唱片等事件。李漢卿分局長甚至在2008年11月20日的台北市議會質詢中，蠻橫地邀約議員、名嘴和店家聯袂前往行天宮「斬雞頭」發誓，上揚唱片之事不是他強行關閉云云。只是，李漢卿斬雞頭選的不是城隍廟，而是行天宮，讓人懷疑「斬雞頭」的起誓效力哩。

當前，政客和「楣體」人其實都比過往「斬雞頭」人士來得更爲廉價，因爲，所有的指控、爆料、宣誓，早已不需要拿以雞頭作爲項上人頭的信用隱喻作爲背書，只要散彈打鳥式的爆料、指控與澄清中打中一件，其餘的就會宛如無關宏旨般地被遺忘和忽視。爆料的政客「楣體」人如此，被指控影射的澄清回應人亦是如此。的確，近年「雞頭」是不斬了，但是信用卻早已刷爆。眞懷念那些「斬雞頭」的日子，畢竟，當年的政客們還有用「雞頭作爲項上人頭的隱喻」以爲信用抵押。如今，抵押品不僅不用，「楣體」還墮落到麥克風湊過去就讓人開始口無遮攔的爆，說得難聽點，「楣體」政客眞可說是時時刻刻都在享受偷狗戲雞的「口爆」之樂啊！

因此，爲了恢復我固有文化，讓「斬雞頭」文化不致喪失傳承，小的建議爾等應該恢復「斬雞頭」文化，只是斬的不是雞的頭，是政客「楣體」人「小雞雞」的頭。一旦錯爆，「小雞雞」就斷頭；一旦誑稱謊辯，「小雞雞」也得頭斷。這樣的爆料指控與澄清才有「頭」可以看，是「看頭」啦?!小的我已經準備跟內政部登記成立一個「斬雞頭文化復興運動協會」，讓咱們共同爲「斬雞頭」文化的復興，戮力以赴吧！

■後記：從雞頭到小頭?!

誠如上述分析，雞頭斷得越多，表示各方人馬對於來自於統治者單一權威的仲裁指令，越加輕視與欠缺信任，且隨著雞隻的身首分離以作爲項上人頭落地的隱喻，讓候選人宛如透由尋訪雞頭的過程，展演了一齣向選民尋求選票支持以爲正當性的換算戲碼。於是，孔子說的：「禮失求諸野。」遂戲謔地轉譯成「『鳥』失求諸野」，亦即，在統治者經由戒嚴威權斬斷候選人的「鳥頭」（guts, 膽量）之時，政客卻開始由「人民」那邊逐漸索回那早已遺落的「鳥」，讓選票的保證加大了對由上而下威權的蔑視聲喉與膽量。

事實上，1970年代高雄的競選鬼才莊文樺，曾經寫過一篇名爲〈競選人的性慾觀〉的文章，並在文中指稱權力慾的根源乃起於性慾，而此種「性慾」的轉化昇華，即成爲各種政治權力的征服野心和意欲想望的表現[32]。可見，「『鳥』失求諸野」，似乎是對權力飢渴之政客候選人的必由之路。

---

[32] 莊文樺，〈競選藝術講座——競選人的性慾觀〉，《雄風》第九期，頁18-20，1974.09。

美國杜克大學的神經科學家亦曾在2008年美國總統大選完之後，進行一項「性別與投票」（sex and voting）的有趣研究，並發現票投歐巴馬的男性選民的男性睪丸素維持穩定，至於票投敗選一方的男性選民，在其屬意候選人落敗的夜晚，其睪丸素則顯著地下降；至於女性選民則幾乎無啥影響。此項研究似乎印證了亞里斯多德所言：「男人本質上就是政治的動物。」（Man is by nature a political animal, according to Aristotle.）此一名言[33]。此項政治與性別的研究，似乎也間接驗證了美國文化人類學家理安・艾斯勒（Riane Eisler），將兩性關係跟政治型態進行掛鉤考察，而提出「伙伴式」的兩性關係勢必會帶來更加民主的社會體制。畢竟，兩性關係中的征服與被征服的色彩越低，政治，據說也就會愈從統治關係模型，往更加伙伴式與民主關係模型靠近呢[34]。

此外，邇近文化研究學者的作品中，也的確把身體/情慾與政治的關連夾纏進行對偶分析，以進一步解構銘刻在身體及其對性的束縛之上，無所不在的規訓與權力施爲的密碼。如同，在美國過往不堪的黑奴歷史積澱下，黑人是被白人看管的、是黃口小兒、是動物性高的不文明人種。於是，被閹割的黑人陽具，就在黑人以饒舌歌曲中憤怒有力的手勢、手握胯下褲襠的陽具姿態，以及處處瀰漫的性氾濫

[33] Charles Q. Choi, "Jock the Vote : Election Outcomes Affect Testosterone Levels in Men", *webpage of Scientific American,* October 23, 2009, http://www.scientificamerican.com/article.cfm?id=vote-election-testosterone.

[34] 理安・艾斯勒（Riane Eisler），《神聖的歡愛：性、神話與女性肉體政治學》，北京：社會科學文獻出版社，2004。

與性交指涉的MV中，構造出一種特殊的黑人hip-hop文化的表現，以作爲黑人男子氣概的彰顯、轉大人與尋回陽具的象徵[35]。於是，挪譯至台灣脈絡，戒嚴底下的台灣人民，經歷過228屠殺、白色恐怖、1960年代工業化過程刻意把農民擠壓至都市，不旋踵，到1980年代產業工廠外移再度被拋離成爲底層人民……，一路被擺佈的生命歷程，宛如失去陽具的男人般，男子氣概蒸發殆盡，成爲被看「衰小」的草民。

畢竟，在國民黨長期的戒嚴威權統治之下，台灣人民是需要被看管的黃口孺子，陽具是不成熟的，甚至是被閹割的，於是，1980年代出頭天的解放意涵，亦就含括了「大頭」思想緊箍咒的解論，以及尋回那以身體情慾自主爲表現的陽具「小頭」的運動。台灣人民出頭天的性政治意涵，亦就屢屢在1980年代反動運動造勢場合中，毫無遮掩地流瀉出來[36]。

1970年代，台灣在經濟上面臨兩次石油危機的衝擊，政治上面臨退出聯合國以及台美斷交等等危機，於是，早期國民黨政府從美援時代開始，在美國主子當靠山之下所展示的「自由中國」象徵，突然像是失重落地的玻璃碎片般，再也拼不回原初的樣子。失去山姆大叔國際正當性的加持賦予，以往一切少康中興的復國想像遂變成聒噪的蛙叫，於是，自

---

[35] Patricia Hill Collins, "Black Sexual Politics : African Americans, Gender and New Racism", Routledge Press, 2005.

[36] 本書〈誠徵女作業員：重寫一段女工的聯誼故事〉一文，亦是探討1970年代台灣基層女工的「性政治」（sexual politics）議題。

居中國正朔的王子，一夜之間返祖蛻化成疙瘩滿身的癩蝦青蛙。

1979年9月8日，當《美麗島》雜誌社在台北中泰賓館舉辦酒會之時，會場之外一些以愛國爲名的極右派分子和團體——「疾風集團」，聚眾抗議並滋擾參與《美麗島》雜誌社酒會的人士。彼時，剛與美國女士艾琳達完婚的施明德現身之際，場外這群極右派人士隨即喊出：「打倒艾琳達的性工具施明德」的口號[37]。從此一口號也間接證明，失去美國山姆大叔的愛之後，在台灣的中國人便深陷陽具閹割的去勢焦慮之中，而把施明德形容成美國女人的性工具呢。說得白話且粗暴一點，當美國不再給「自由中國」及其信奉者——台灣的中國人——高潮之後，再怎麼不濟，也輪不到那些「自由中國」社會中的「邊陲與異端分子」，可以從美國人那邊得到高潮啊！因此，在自由中國蔣政權底下，必須被管束監控的異端施明德與美國妻子的關係，勢必是以「性奴」的姿態關係，否則，宛如陽具依舊處於不成熟的黃口小兒們——異議分子們，如何能得到眞正MAN（陽剛男人）——美國——的親暱呵護呢?!

隨著政治與社會反對運動快速崛起，競爭愈趨激烈的選舉中，令人眼花撩亂的花招步數盡出。到了1980年代，黨外選舉演講造勢場合上，開始出現「台灣人出頭天」的口號。「民主香腸」、「建國豬腳」、「民主檳榔」等等流動

---

[37] 楊青矗《美麗島進行曲——高雄事件（第二部）》，頁433，台北：敦理出版社出版，2009。

攤販，開始逐演講造勢現場而居[38]，同時旁邊也定會出現將「黨外雜誌與黃色書刊」一起販賣的流動書攤。正所謂，「食色性也」；既是如此，當演講台上民主運動的舵手諸公們，口沫橫飛的吹噓著：「台灣人出頭天。」「台灣國的主人，大家晚安！」的口號時，摻和著「民主」和「建國」的想望而囫圇下肚的「香腸」和「豬腳」，亦就形成了底下群眾生理上與心理上的滿足和快慰。這跟2004年凱達格蘭大道前，由泛藍群眾所形成的小吃市集和「親民便當」的意義是那麼的不同。

●圖中乃是以前黨外或後來民進黨的演講場合中，時常出現的「建國豬腳」哩。一邊聽演講，又可同時吃豬腳建國，真是腦袋跟肚皮兼顧的優良休閒活動哩(著者攝)。

---

[38]〈《特寫3》攤販秀・相招鬥鬧熱〉，《聯合報》，第十七版，1992.12.13。

事實上，當台灣社會仍處在國民黨的戒嚴看管狀態之下時，一名日本新聞記者來台灣觀察選舉，竟然意外地發現，每一場黨外人士自辦政見發表會中的攤檔（攤子）上頭總是有兩種搶手貨：政治禁書、黨外雜誌與色情錄影帶和刊物[39]。當然，時任《聯合報》記者的鍾延威亦曾寫過一篇特稿指出：「從以前『黨外』的演講會到解嚴迄今民進黨的演講會，警方雖每次都成立專案勤務，動員大批員警，但爲避免刺激演講者或聽眾，警員都只能遠遠待命戒備，從不進入會場，久而久之，竟造成公權力不能抵達的眞空地帶。前晚洪奇昌感謝演講會會場，竟有五個攤子公然陳售（陳列販售）色情錄影帶便是一例。警方若再一味逃避，誰知道色情錄影帶之後，會出現什麼樣的非法行爲？」[40]當然，鍾延威一針見血地指出，這些色情錄影帶跟書刊，是以「民主A片」、「民主A書」的姿態寄生於黨外到民進黨的演講場合中，警方若膽敢取締，則可能會讓候選人藉機抗議造勢，而引起更爲麻煩的後果呢。

然而，誠如戒嚴底下的「禁」，是包含著對「大頭」（思想）與「小頭」（身體情慾）的管束保護，當年宋盼仔擔任新聞局局長時的顧慮，很是全面和周到。作爲「大頭思想」解放的黨外民主理念或推銷萬惡國民黨的雜誌書籍，以及含

[39] 孫秀蕙，〈座談引言：是誰與誰起舞？「怪胎情慾學」學術研討會專輯（下）〉，《聯合報》，第三十七版，1998.05.16。

[40] 鍾延威，〈民進黨演說會場．警察不敢管？莫讓非法藉機活動．應拿勇氣「清掃乾淨」〉，《聯合報》，第二十六版，1989.10.24。

納「小頭慾望」遐思竄流的黃色書籍與刊物，都位列禁書門下。那時的黨外雜誌或者李敖的禁書，封底或封面總是印上個裸女或美女的圖像，遂婉轉地說明著大頭與小頭共謀著奔放的想望。台上講者汗水、口水如雨下的「台灣人出頭天」，台下則是萬頭攢動的「大小頭蠢動」，於是，台上與台下宛如一幅鹹濕黏膩的風景畫一般。政治與情慾是戒嚴體制下的兩大禁忌[41]，於是，大頭（思想）與小頭（情慾）會聯袂攜手尋求從黨國的看管之下解放，也就不足爲奇哩。

以經濟領域看來，戒嚴底下宛如被閹割的台灣男性，工業化底下除了國營資本，以及與國民黨權貴裙帶利益攸關而被欽點保護的民營大型資本，皆是被寵幸的愛妃之外，其餘宛如棄兒寡母，黑手，以及以家庭格局爲創業基地，幻想著「黑手變頭家」的微型、中小型企業是被黨國離棄放生的。拚酒、嚼檳榔、遞煙、以「幹」爲語助詞的表達等等，就成了台灣中下層男性男子氣概的表達方式。亟欲找回「陽具」的男性們，在政治被壓抑的年代中，由「拚經濟」所希冀帶來的階級翻身成了一個最佳的管道。但是，被吹捧的「黑手變頭家」的故事，是企圖用來稀釋掉那更大多數變不了頭家的黑手其內心的憤恨，以及只能自怨自艾的情節。此外，更多的人民連黑手的身分，也跟隨產業轉型和外移的年代風潮一併而逝，赤裸裸地成了失業大軍的一員。經濟與政治場域中，盡是瀰漫著「消風的」男子氣概與找尋遺落陽具的焦慮啊！

---

[41] 楊澤主編，《狂飆八〇：記錄一個集體發聲的時代》，頁6-7，台北：時報出版，1999。

再者，又以政治領域爲觀照，身著短褲藍白拖、口嚼檳榔，並三、兩成群地逾越戒嚴法底下「三人即成眾」的法律聚攏著的草民，以不矯揉造作的語言說著，鏗鏘有力地訐譙起萬惡的國民黨，在在都是尋回那男子氣概的表彰，抑或是植回被閹割的陽具之象徵。在那些年頭裡、在那些場合中，他們眞認爲那是解放的。「街頭衝組」或者「低俗不入流」，則是北部權貴們對他們的妖魔化和貶低化的想像措辭。縱使，直到2004年，泛藍選輸後圍聚在總統府前「哭吆」兩顆子彈時，那個號稱「族群平等聯盟」的台北菁英作家、學者和文化人，依然如是地鄙夷、看待著這些草民們。

那年，黨外與民主先輩們所許諾的「台灣人出頭天」或許過於廉價不負責，但若重新將其置放在台灣政經歷史脈絡下，從彼時常民的實踐想像中，吾人將發現，那個年代、那些日子，熱鬧並引人入勝的不只是眾聲喧譁，而是「萬頭」攢動，是一種「大頭、小頭作伙出頭天」的想望和實踐。這些，在台北的菁英圈、在統治權貴眼中，根本是不屑一顧的。而我特別懷念，那一段鹹濕黏膩的風景畫，因爲，我看到了那種升斗小民的直接慾望，那是一種力量，一種台灣社會早已遺失的力量，尤其在看到台灣的政治光景竟是如此的時刻?!

謹以此文，速記一段台灣社會從「斬雞頭」到「找尋小頭」的歷史，及其背後大頭、小頭攜手共謀解放的「作伙出頭天」的時光——那段台灣社會曾經充滿著奔放想望的年代。

2006.06.12，荷蘭萊頓

那一晚，我們都參與了械鬥
記計程車械鬥在台北

2006年3月20日深夜11點多，分屬於「全民」與「中國」的計程車隊，彼此爲協調在台北市民生東路酒店門口前的排班問題，相約談判協商。詎料，協商破裂之後，竟發生「全民計程車隊」司機遭毆事件，於是，兩車隊遂透由車上無線電聯繫，迅速調動各屬車隊百餘輛前來助陣，展開街頭對峙僵持，衝突一觸即發[1]。此一衝突事件的表面上是由排班糾紛所引起的衝突械鬥，然而，誠如西諺所言：「魔鬼都在細節中。」因此，只消翻開被掩藏的事件表面，則此一車隊衝突背後卻有更爲複雜、有趣的內裡故事，值得吾人細細解讀覽閱。

■地盤政治：原鄉地域、幫派與情治眼線

事實上，計程車彼此盤據爭逐地盤並據此引發生意競爭的對陣互毆事件，起因往往是過往「地盤」或「碼頭」的生意壟斷概念所引起，但是，箇中時常也夾纏糾結著派系、

[1] 〈爭地盤「爆衝」．上百計程車對峙〉，《中時電子報》，張企群台北報導，2006.03.22。

幫派甚至黨派政治的因素從中發酵作祟。計程車的前身乃是腳踏三輪車，若將歷史焦距稍微往前微調，則「人力車」可說是當代計程車的更古早形象。因此，若要考察「全民計程車隊」和「中國計程車隊」這兩支車隊所引發的地盤排班糾紛，就不得不進入到計程車客運業的古早年代裡，從中爬梳出歷史枝節與成因，方才有辦法洞悉透澈那隱隱竄流在「全民」與「中國」兩車隊背後的統獨，或者政治光譜調色板上的藍綠色彩，及其政治立場上的互別苗頭。

早期，人力車被稱之爲洋車，乃因人力車主要是由東洋日本傳進，具備兩個輪子由人力拉著往前跑。二戰之後，此種洋車被改良，將前頭由人力拉行的兩個竿子改良裝上腳踏車的前半身，後座依舊保留，成了三個輪子的三輪車。人力車伕同時也變身成三輪車伕。由於早期人力車伕或者三輪車伕的從業人員，乃多從外鄉流動到都市打工的非技術工人，因此，以「地域原鄉」爲集結，並以地緣之思維招徠同鄉至都市執業，於是，從引介、承包到彼此在都市底層中互助，「地域原鄉」自然成了此一行當集結的格局基礎。

此外，此類行當中往往有「包工頭」的角色出現，同時爲了霸佔地盤營業，也爲了避免外地勢力侵蝕自己的地盤而鬆動既有客源利基（利益的中心點），擬似幫派的勢力也往往會在裡頭開始凝聚成形。打從人力車伕此一行當成了吸納破產農村的流民普羅伊始，地域原鄉與幫派就總是跟此行業疊合發展著。根據《上海罷工》一書作者裴宜理（Elizabeth J. Perry）書中所提及的，1938年的上海差不多10萬名的黃包車伕中，有85%的車伕被吸納爲幫派的一員[2]。畢竟，在車主、承包人與實際就業的車伕間的家長式關係與同鄉身分，連帶讓車伕在彼此競爭激烈的市場中，找尋到其安身立命的憑藉。

爾後，由於載客的車伕經由形形色色乘客的接送而擴大了社會接觸面，再加上其都市空間中的流動性格，國家的情治細胞眼線，往往亦就滲透進車伕行當之間以爲佈建。當然，這些情治特工也相當懂得以原鄉地域和幫派爲理脈切入，進行順藤摸瓜式的拓染吸收，於是，幫派、原鄉地域與情治身分所輻射出去的各種效忠黨派分屬，就成了此一行當可以想見的風景。

上海國共鬥爭中，透由幫派、原鄉地域的會所，或者包工頭切入，以車伕作爲黨派情治眼線的故事，更是多有所聞。此外，若再加上經濟不發達的社會中，常被謔稱爲「賊頭」、「戴帽子仔」的警察，往往會以妨礙交通或市容等名義，對街頭的人力車或三輪車伕加以找碴或「揩油」等等，於是，這些地域結社或幫派，便可扮演事先打點的保護功能，讓處於社會底層行當的個人客運業，拉幫結社幾乎是俯拾皆是。誠如，1952年年底，台灣省警務處就曾通令各工會、公會和三輪車工會，能革除年節餽贈禮物的陋習，以奉行政府節約救國之法令與倡導社會廉潔之風氣云云[3]。車伕年節對給警察的送禮慰問，究竟是發乎誠止乎禮的禮節行

---

❷ Elizabeth J. Perry, “Shanghai on strike : the politics of Chinese labor”, Stanford University Press, 1993.

❸〈倡導廉潔風氣．員警禁受年禮．警務處飭所屬遵行〉，《聯合報》，1953.01.24，第二版。

徑，抑或是被迫捐輸，其實是不言而喻的。

■三輪車地盤政治在台灣

二戰之後，人力黃包車也逐漸被三輪車給取代，三輪車伕也逐漸替代掉人力車伕的稱號。據說，台灣第一輛三輪車是1948年出現於台北街頭，其款式是「上海式」，後頭座位頗大，此乃上海跑路大款（有錢人）帶進台灣的自用三輪車。之後，經過具有生意頭腦的人士改良，此種比二輪人力車快速、安全的三輪車，便被仿造並拿來供人乘坐營業，因此，後來便出現一種製造成本較低，座位較窄的「台灣式」車子。由於乘坐的人多，生意頗好，到1948年年底，台北市這種交通工具已增加到三百多輛。台北市原有七百多輛二輪人力車，三輪車出現後，人力車伕大部分自動轉業踩起三輪車[4]。1949

● 早期高雄三輪車伕排班的狀況(取自網路共享資源)。

---

[4] 呂漢魂專訪報導，〈三輪車滄桑：當年寵兒同秋扇．連帶車廠也改行〉，《聯合報》，1968.06.18，第二版。

年以後，國民黨政府流亡轉進來台，人口增加，交通工具的需要量日增，三輪車在當時是一種物美價廉的交通工具，同時，隨著環境演變乘客需求量大增，迨至民國卅九年底成立「台北市三輪車工會」時，其會員即有五千多人之譜。從此，一頁三輪車在台灣的二十年歲月（1948-1968）的興亡故事開始被書寫載錄[5]。

隨著國民黨的流亡台灣，來自上海的三輪車以及車伕大量湧進台灣。於是，那套原鄉地域、幫派與情治眼線盤根錯節的政治也順勢輸入台灣。再加上，原本在地的車伕和農村破產湧入都市當車伕的台籍人士，台灣的三輪車行當之中的地盤政治只有更加複雜。例如，1950年代初期的台中，旅客代步的工具是人力三輪車，台中市火車站一帶歷來都是黃金地段，生意宛如「金飯碗」一般特別興隆，車伕們為保有既得利益與地盤，遂成群結黨拉幫結社，於是一種擬似幫派的「車頭派」遂應運而生。

此外，在1950年代的報紙社會新聞版面中，時常可以發現三輪車伕糾眾幹架的新聞出現，如車伕割據地盤、刺破同業輪胎並當警察面幹架等等情事的發生。1952年9月24日，

---

[5] 文中所言，台灣三輪車從上海轉進台灣地景的說法，乃是根據1968年6月18日，呂漢魂的專題採訪報導中引用「台北市三輪車工會」的採訪說法。但是，留學法國科技社會史的博士候選人魏聰洲則指出，高雄已故地方史大家林曙光則說台灣三輪車乃是從南洋引進。這當中的差異，或許也牽涉到經過日治時期的本省地方史家，跟戰後外省族群轉進台灣，對於台灣「現代化」的認知想像有著殊異所致。換言之，台灣「現代化」的器物使用以及相關文化在台灣地景中的出現，究竟是日治時期遺留產物，抑或是尾隨國民黨及其上海大款們的引進等等，這兩者之間的「史觀」差異及其背後可能衍生的歷史詮釋的分殊化，便可從到底「三輪車」是上海帶進或南洋引進的此二種說法中得到印證。

在台北市長沙街口就曾發生山東派的三輪車伕王增義，其爲了進駐長沙街附近的大華戲院與裝甲之家拉客，而與此地盤車站上的江蘇派車伕孫爲林、趙康祥等人發生衝突。爾後，山東派車伕再度糾集數十人來犯，上演了一齣搶地盤的械鬥戲碼[6]。1952年8月24日《聯合報》社論〈維護公共安全的根本要圖〉一文中，把地痞流氓跟攤販、三輪車伕搶奪地盤的衝突並列，皆成了報紙社論筆下的都市公共安全的危害。從中可知，當年三輪車伕的地盤械鬥，似乎是報紙版面的常客[7]。

爲了防止此類搶奪生意與地盤糾紛引發的械鬥，台北市警察就曾在1952年，大規模地徹查各派出所轄內的三輪車數量，包括加入工會與未加入工會的流動車輛等。此外，警察局並根據調查登記之資料，定期抽籤核發停車場許可證，並要求工會籌製臂章發予會員配戴。再者，台北市警察局更採取以分局爲單位的方式，希冀對三輪車進行混合編組，破除杜絕地域派別的觀念。爾後，在政府要求下，三輪車伕恢復了日治時期身著號服的措施，並在號服上進行編號，增加對車伕的控管能力。1952年年底，警察局在對流動三輪車的登記基礎上，開始分配車站給予流動三輪車，減少既有地盤車站者與流動車輛者之間的糾紛發生[8]。1953年，《聯合報》專欄〔黑白集〕的一位作家霜木亦曾提及，三輪車伕械鬥的

---

❻〈三輪車伕圖割據．長沙街口爭奪戰．雙方動員數十名一場好打．山東派佔優勢江蘇派吃虧〉，《聯合報》，1952.09.27，第四版。

❼〔聯合社論〕，〈維護公共安全的根本要圖〉，《聯合報》，1952.08.24，第二版。

根本原因，並非車伕與車伕間的私人恩怨，反而是幫口與幫口之間內部派系傾軋、競爭碼頭，以及爭取顧客等複雜因素糾結一起所致[9]。

直至1958年，台北市市政建設委員吳肇周跟時任市長的黃啓瑞建議，全面廢除三輪車，並代之以「街車」（後來的計程車）。吳的想法是，將當時北市兩萬輛的三輪車用六千輛街車替代，讓每三個車伕合用一輛街車，再由市府墊錢（每輛街車約台幣六萬元）交車伕使用，分兩年歸還，但後來，由於經費問題當然此一構想仍是虎頭蛇尾不了了之[10]。縱使到了1961年之際，台北市長黃啓瑞在一次警察局業務檢討會上的致詞依舊指出，台北市的四大問題分別是：違章建築、三輪車、攤販與環境衛生。可見，三輪車的管理，長久以來都是政府的燙手山芋[11]。

■愛戀三輪車

至於三輪車伕作爲情治眼線的歷史，從國共在中國大陸的鬥爭中，幾乎是再熟悉不過的場景，因此，某個路旁候客上門的三輪車伕，即有可能是某個情治調查人員的扮裝。例

---

❽〈防止三輪車伕糾紛·決採混合編組辦法·杜絕地域派別觀念·市警局即可實施〉，《聯合報》，1952.07.24，第五版；〈警局昨晚突檢，全市三輪車伕攜帶凶器者一律拘捕〉，《聯合報》，1952.07.25，第二版。

❾ 霜木，〔黑白集〕，〈有待釜底抽薪〉，《聯合報》，1953.05.03，第六版。

❿ 何凡，〔玻璃墊上〕，〈展望街車〉，《聯合報》，1958.07.07，第六版。

⓫〈警局各項業務決嚴予執行·昨檢討會通過決議〉，《聯合報》，1961.06.21，第三版。

如，1949年中共接手中國之後，在後撤過程中，情治幹員王學吾從廣州搭乘火車到深圳並準備轉進香港之時，一個三輪車伕即笑臉趨前：「喂！到西關去嗎？很便宜。」王學吾機警地回了：「西關有沒有女人？」三輪車伕答以：「有，又平又靚！」（即又便宜又漂亮之意）的談話之後，彼此即確認了國特的身分⓬。

1966年，調查局為了調查「國會議員涉嫌貪汙案」，調查局人員即有人偽裝成三輪車伕，以接近立委收集情資⓭。拍攝蔣介石《風雲行館》紀錄片的導演洪維健，亦曾指出早期三輪車伕中，有許多是國民黨龐大特務機構工作的一員。彭明敏在《逃亡》一書中，揭露了其如何躲過國民黨的監控並順利喬裝打扮出境的詳細經過，根據彭明敏指出，監控的情治人員也時常以街頭三輪車伕的職業出現⓮。此外，除了此種人力踩踏的三輪車之外，中國福州地區則是將黃包車掛在二輪的腳踏車後頭，而成為四輪的交通工具，於是在當地被戲稱為「老鼠拖尾車」。當年國民黨駐福州的地下人員，也是以踩此種「老鼠拖尾車」作為掩護，以便進行地下人員的交通與情報交流任務⓯。

⓬ 李勇，〈中國情報人員工作實錄：威震九州敵膽寒〉，《聯合報》，1965.09.25，第十六版。

⓭ 何振奮採訪報導，〈大案小記：笑破涕痕擦乾汗．一杯水酒和辛酸．辦案人員故事．調查工作片斷〉，《聯合報》，1966.09.27，第三版。

⓮ 彭明敏，《逃亡》，台北市：玉山社出版，2009。

⓯ 龍布衣，〈情治系統風雲錄——中國式的特務工作模式〉，收錄於《透視情治系統》，頁182-214，台北：風雲論壇社出版，1985。

於是，當國民黨「跑路」來台之時，作爲蔣介石統治基礎的特務機關，順裡成章地亦連帶地轉進台灣。事實上，打從國民黨的興中會、同盟會的創設之際，即是以一種秘密盟會的組織型態現身，國民黨跟幫會與情治的複合體，可說是打從國民黨誕生伊始就已經銘刻下了此種胎記。

事實上，三輪車伕或者人力車伕此一行當，若放任市場自由競爭，或者恣意由先來者排斥剝削後到者的方式以爲秩序組建的話，一旦這種從屬可剝削性程度過高，或者市場競爭過於激烈，則某種惡質的特性就會更加地彰顯出來。然而，必須指出，身爲人力車伕或者三輪車伕，不必然都是農村轉抵都市的文盲人士、幫會分子，抑或是逞凶鬥狠的角色。例如，1923年7月15日，台灣留學生文化講演團在日本成立後搭輪返台，開始了之後幾次的全島文化講演活動，以作爲民眾思想文化之啓蒙。當1925年7月，文化講演團第三次演講抵達進駐嘉義之時，嘉義民眾不僅給予熱烈歡迎，而令人更訝異的是，嘉義街的人力車伕爲聊表寸志，不僅湊金伍拾圓寄附學生團，權充旅費之一部，更於當日搭載講演團一行於街上遊行數小時，並辭退一切金錢之報酬。人力車伕對於關注社會文化之知識青年的擁戴支持，反映出嘉義街人力車伕的高素質。

此外，又如跟國民黨軍統特務頭子戴笠同居的中國電影皇后胡蝶，曾經演過一齣名爲《血淚黃花》的電影，此一劇本即是根據上海一個眞實的社會新聞故事改編拍攝而成。此一新聞，是上海某高級住宅的女主人黃慧如與人力車伕陸根縈日久生情，由於陸氏乃一貧苦但上進、好學的青年，時常利用等候女主人的空檔時間看書，男女情愫也由此而生。迨至，女主角兄長知悉事實後，在情急不滿之下，買通流氓毒打車伕，以致誤傷人命的事件[16]。

至於，在台北也有段類似的故事。台北市當年三輪車流量，是以延平北路一段、中山北路、介壽路、重慶南路及牯嶺街等五條馬路爲最，每日流量從3,817至19,820輛次之間[17]。而1950年代，由台語歌手郭大誠所唱紅的《中山北路行七擺》一曲，即是描寫一位上進的三輪車伕，與一位豐原上台北唸書的女大學生之間的眞實愛情故事。但由於女孩父母反對阻擋之故，而遲遲無法與考上船員的三輪車伕在跑船出航前夕見上一面，於是，男主角只能無奈地在中山北路上來回空等與踱步的戀情故事。

至於，「三輪車跑得快，上面坐個老太太，要五毛給一塊，你說奇怪不奇怪……」則是直接地以三輪車爲主角的童謠。另一首台語歌曲《三輪車伕之戀》，更是明白地以車伕的戀愛心情爲設想的歌曲：

三輪車頂美麗小姐，講話實在無理氣，
我咧問她要去叨位，顛倒對我發脾氣。
三輪車伕聽我講話，我要叨位就叨位，

[16] 胡蝶，〈胡蝶回憶錄——在「明星」的前三年〉，《聯合報》，1985.09.13，第八版。
[17]〈本市居民可知道：那條馬路車最多？那條街上行人擠？行車最多路上每時五七〇輛．最擠街道行人日達三萬餘名〉，《聯合報》，1952.07.27，第二版。

南洋瑞士羅馬巴黎，你甘敢講無願意。

三輪車頂美麗小姐，講話實在太容易，
三輪不是火車飛機，叫我怎樣送妳去。
三輪車伕眞會彎話，我講彼平一直去，
若有順序攏嘛可以，不通擱在哥哥纏。

三輪車頂美麗小姐，青春十八的年紀，
迷人笑容妖嬌古錐，人人都會歡喜妳。
三輪車伕英俊風度，又擱老實有情意，
年輕有爲勇壯體格，標準寶島好男兒。

三輪車頂美麗小姐，有緣千里來相見，
像妳這款青春年紀，人人都會思慕妳。
三輪車伕運氣正好，美麗小姐愛著你，
有錢什麼攏無稀奇，三輪也會變飛機。

1950年踩三輪車的收入，那時一天約可賺廿至卅元新台幣，除了生活，每月還可節餘三至五百元，此種收入在經濟遲滯的年代中算是相當不錯，亦因此，越來越多的人就投入了街頭車伕此項職業之中。不過，話說回來，人力車伕或三輪車伕在經濟窘迫的情景下，委身於都市底層社會中討生活，當然會有各種上流社會看來所難以理解的暴力、幫口、地盤，或者受迫於無奈生活的種種不堪產生。爲此，胡適亦曾寫下一首〈人力車伕〉的詩[18]：

車子！車子！
車來如飛。
客看車伕，忽然心中悲酸。
客問車伕：「你今年幾歲？拉車拉了多少時？」
車伕答客：「今年十六，拉過三年車了，你老別多疑。」
客告車伕：「你年紀太小，我不坐你車；我坐你車，我心慘淒。」
車伕告客：「我半日沒有生意，又寒又饑。你老的好心腸，飽不了我的餓肚皮。我年紀小拉車，觀察還不管，你老又是誰？」
客人點頭上車，說：「拉到內務部西。」

胡適在此首新詩中傳達了人力車伕經濟窘迫之境。迨至，1919年「五四」前夕，李大釗[19]以馬克思主義的觀點，提出以社會革命來「根本解決」中國社會問題的主張。但胡適卻在《每週評論》上發表了〈多研究些問題，少談些主義〉的文章，認爲「主義」只是抽象的名詞，應該要：「多研究這個問題如何解決，那個問題如何解決，不要高談這個

[18] 易金，〈幕前冷語：王瑤與胡適（上）〉，《聯合報》，1959.01.15，第六版。
[19] 李大釗（1889年10月29日-1927年4月28日），字守常，河北樂亭人，中國共產黨主要創立人之一，中國最早的馬克思主義者和共產主義者之一，中國國民黨第一屆中央執委。

● 早年中國的三輪車載客情形(取自網路共享資源)。

主義如何新奇，那個主義如何奧妙。」胡適以如果不去研究諸如人力車伕的生計、賣淫等問題，而只是高談社會革命的「根本解決」的話，則問題將無法被解決，間接參與了路線與主義的辯論[20]。不論究竟人力車伕的生計問題是實事求是的個體解決，還是上綱上線到總體結構矛盾中方能解決，但胡適以人力車伕爲事例來介入論辯的方式，也間接說明了人力車執業者，在社會底層討生活其經濟狀況的確處於極度困窘的處境中。1995年，由梁朝偉主演的《三輪車伕》（三輪車越南話叫做Xic Lo）一片中，劇中場景則是以越南胡志明市的三

[20] 張作錦，〈感時篇：仍然要「多研究些問題」〉，《聯合報》，2000.12.31，第三十七版。

輪車伕為主角，並以黑幫、賣淫、暴力為經緯底襯，架構出在底層討生活的小人物的辛酸無奈。

至於，收錄在小說家王文興《十五篇小說》的〈大風〉，則是在描寫某個颱風夜晚，一位外省人踩著三輪車在外討生活的情景勾勒。在小說中，隨著雙腳踩踏下三輪車的往前轉動，車伕也就彷彿歷經了各種人生百態。從計程車司機與三輪車司機爭逐客源地盤的毆打事件展開，到搭救一位被賣至後街暗巷的十三歲女孩，之後便在河水暴漲的颱風夜裡，歷經爬坡、涉水與過橋的奔波險難，終於疲憊地回至家中。而身上那冒著風雨生命賺來且早已被雨水浸透得皺爛的72塊台幣，卻是家中親人看病的寄託所在[21]。

但是，三輪車伕努力在街頭討生活維持家計，並在困境中栽培自己的下一代取得階級翻身的故事，也時有所聞。例如，1981年創立的「文強國際企業」的何登陸先生即是三輪車伕的小孩。文強國際以新潮文具行銷全國，並自創文具品牌Melody。2000年總統大選中，「文強國際企業」更進一步承接陳水扁競選團隊所屬的扁帽工廠委製的扁帽商品，包括絨毛娃娃、存錢筒、手機吊飾、購物袋、背包、花茶杯、掛鐘等，造成一時的風靡及搶購。又如，因為南科減振案遭受缺乏工程專業以及邏輯不清腦袋不好使的檢察官，羅織罪名起訴的前國科會副主委謝清志父親，亦是在高雄火車站前執業的三輪車伕，並辛苦地讓謝清志得以赴美深造並歸國奉

---

[21] 王文興，《十五篇小說》，台北市：洪範出版社，1981年第四版。

獻的例子。不管此人力車伕或三輪車伕此一行當，如何地具有「前現代」的性格，歷史殘酷的是，這些升斗小民生活的點滴與打拚故事，幾乎在台灣戰後歷史書寫中被遺忘殆盡。

■管理編組與動員編組

爲了降低三輪車伕間的糾紛，國民黨政府對三輪車開始進行分類，並在車後頭噴上「自用」、「營業」或者「流動」。營業車是綠色，上頭以分局作爲單位區位，並噴著組別號碼，至於流動三輪車則以紫色爲別，並賦予一組統一編號。營業三輪車，除了流動車沒有固定地方攬客之外，排班的三輪車則有固定候客處，每一個路口一組，由組長負責管理調派。

同時，爲了避免同業惡性競爭，三輪車通常只能在自己排班的地方攬客，若是載客到其他地方，通常只能空車回來。但許多車伕爲了增加收入，往往會用打折的方式在回程路上招攬乘客，因此衝突常由此而生。爲此，台北市議會也制訂了「三輪車管理辦法」，並於1959年開始取締違規的三輪車。

由於國民黨落跑到台灣之後，進入所謂動員戡亂狀態中，一種戰時與動員體制遂被建立。三輪車伕不僅要負擔國家稅賦，且在民防動員體系中更被重新整隊編組。事實上，三輪車伕必須繳付使用牌照稅，當時的汽車、人力、獸力、三輪車、腳踏車使用者等，都必須繳納此一稅捐。但好玩的是，此一稅捐還包含著防衛稅的名目一項。而在1950年代以降打造的動員體制中，國民黨爲了節約並將資源都挹注在戰爭上頭，「一滴汽油，一滴血」的口號遂被重新提出，希冀汽車用油能全部用在軍事上面，而鼓勵民眾搭乘三輪車[22]。當年，空氣品質較起今日眞有天壤之別，戲謔地說，或許戰時體制之下鼓勵搭乘三輪車，減少私人汽車的作法，可能也起到了某些貢獻作用吧。

戰時體制下，三輪車伕工資必須經由工會擬定辦法，並報呈物價委員會。雖然，物價委員會無所不管，理髮公價、婦女燙髮價格、冰塊價格等都受物價委員會的列管，但是三輪車的乘客車資基本上則可以有議價、討價還價的空間。

此外，除了爲減少三輪車爲爭搶地盤的衝突發生而進行的編組之外，三輪車車伕跟人力、獸力車及板車等工人爲基幹，也被整編成台北市民眾反共自衛總隊的「工務大隊」，以配合隨時到來的作戰業務[23]。至於高雄市警局，爲了加強民眾組訓，而將碼頭工人、擔伕和三輪車伕編成「運輸隊」，以配合部隊工作。當然，在節慶日子，譬如中秋佳節發動的月餅捐獻運動，三輪車伕也不落人後，據說這是自動自發而非上級交辦攤派的任務。不過，老至老太婆，少至小朋友皆響應的勞軍月餅，通常委由軍友社糕餅公會所承製，軍友社糕餅公會趁此勞軍月餅的動員時機削翻海撈一票，倒

---

[22] 霜木，〔黑白集〕，〈血乎？水乎？〉，《聯合報》，1951.12.11，第八版。
[23]〈本市自衛總隊將組工務大隊〉，《聯合報》，1952.02.20，第二版。

●高雄市旗津的觀光用三輪車。旗津三輪車是台灣目前少數仍然使用，營業中的三輪車(照片由江怡萍小姐提供)。

是不爭的事實[24]。

不過，話說回來，戰時體制的管理編組和動員編組，以及必須透由工會來發放牌照的方式，的確是規訓三輪車伕的好手段。一個原本應該散發著野性不羈的行當，並有可能從國家管控的缺口逸出的三輪車行業，遂在戰時體制下被馴訓，縱有因爲爭逐地盤的暴力衝突也不至於演變成失控蔓延的狀態。

就三輪車的最輝煌與高峰時期，光是台北市就有14,000

[24] 可參考《國民黨治台片斷考》一書第五章，陳奕齊著，前衛出版。

多輛三輪車，其中排班營業的有8,000多輛、流動營業車則有6,000多輛。至於，少數機關行號或者富有人家通常會自備三輪車。有錢人家的三輪車通常是鐵皮打造，且通常還配有自僱的三輪車伕以供差遣使喚。直至，進入1960年代，三輪車正逐漸被歷史轉輪無情地輾壓而過，並淪爲歷史過往的斷簡殘編之一。

■挺進計程車時代

在邁入1960年代的當口，汽車早已開始在許多新興國家中現身並逐漸普及。此外，基於道路交通與對國內汽車工業的扶植之故，三輪車過渡轉業到計程車的提議和政策開始出台。1960年9月，台北市政府以改善交通問題之名義，決定逐步將三輪車拋進歷史灰燼堆之中，開始成立收購執行小組，並收購第一批三輪車一百輛，在中山堂廣場公開拆毀，且爲鼓勵車伕向收購小組登記收購，以發放三千元補償費作爲轉業補償金的方式，吸引車伕自動報繳收購。事實上，在1959年之時，台灣警備總司令部就曾邀集台北市政府社會局、國民就業輔導中心、計程汽車公司及三輪車工會等單位，舉辦一場「三輪車業者轉業」座談會，並達至：（一）盡力輔導三輪車業者轉業，但三輪車業者是否轉業，則完全按其身體、志願及需要而決定，絕不勉強其轉業；（二）三輪車業者是否轉業，由三輪車同業工會負責調查，但必須絕對確實，並由市政府社會局派員輔導，迅速辦理；（三）自即日起積極進行以下三項工作：（1）輔導計程汽車業者合組成一個公司；（2）闢建攤販市場，予三輪車業者以優先申請權；（3）洽請台北汽車駕駛訓練班優待代訓三輪車業者，俾養成駕駛計程汽車的技能。

此座談會最妙的是，會議竟然由威權體制下的情報機關——警備總司令部，出面召集。可見，三輪車此一行當的複雜，潛在原因不外乎：他們可能是情治雷達最前線，有必要爲自己人謀出路；同時，亦可能此行當跟幫口、械鬥高度連結，一旦行業被裂解成都市底層勞力市場上的散兵游勇，將對治安造成衝擊等等顧慮，遂由警備總部主動出面召集轉業輔導會議。

之後，政府爲了扶持裕隆汽車工業，遂於1961年制訂「發展國產汽車工業辦法」，並於1964年由交通部推出營業用車，限用國產車的「汽車運輸業管理規則」等配套來扶持裕隆汽車。1962年11月25日的《紐約時報》，亦曾報導裕隆汽車嚴慶齡矢言「把台灣放在輪子上」（Put Taiwan on wheels.）的雄心壯志。報章亦開始引用亞洲國家擁有車子的數量，如菲律賓已經有28萬輛、越南9萬輛、香港8萬輛，來對比台灣只有3萬輛的落差，作爲汽車數量多寡所表現出的現代化程度上，台灣滯後的實況[25]。

由原上海幫紡織業財團台元紡織設立的裕隆汽車公司，在進口替代時期開始被當成扶持「民族工業」的主要代表。

---

[25] 何凡，〔玻璃墊上〕，〈置台灣於輪上〉，《聯合報》，1963.08.07，第九版。

於是，行政院於1961年通過「發展國產汽車工業辦法」，希望扶持裕隆汽車直到1968年，以便讓其走出連續虧損的陰霾，並邁向外銷市場，帶領台灣工業的發展。交通部也於1964年推出營業用車，限用國產車的「汽車運輸業管理規則」配套措施來扶持裕隆汽車。

如前所述，在1958年之時，台北的市政建設委員吳肇周即曾跟時任市長的黃啓瑞建議，全面廢除三輪車並代之以街車。之後，嚴慶齡遂在高層當局，有意把這些三輪車改爲所謂「機動部隊」（街車、計程車）的3年計劃前提下，裕隆配合這個計劃，生產一種四人座但更小型的汽車。車款要價在6萬元以下，每3位三輪車工友配一輛，先付一萬元，把車開走之後，其餘後款尾數均分20個月攤還。不過，此事得要當局以改善北市交通爲藉口，讓橫阻汽車行駛於道路上的障礙──三輪車，能夠被清除爲前提。此外，爲了要讓分期付款的措施有落實的法源基礎，1965年，立法院更進一步通過嚴慶齡所力推的「動產擔保交易法」，讓近萬餘輛的三輪車業者因爲可以採用「分期付款」方式，順利轉型爲計程車業者，購買裕隆小轎車。此後台灣營業車市場年需求量才從5百輛躍增到2千輛，而裕隆汽車也在當時，才得以趁勢要求日產汽車協助擴充產能，脫離自創立以來連續虧損的惡夢。

復次，爲了加速汰除三輪車並引導進計程車市場中，嚴慶齡亦協助「三輪車業者轉業辦法」的出台，希冀能打開裕隆的青鳥小轎車市場，於是，三輪車遂在1968年之後被全面禁止[26]。至於，政府爲了貫徹汰除三輪車的政策，也舉辦了三輪車業者轉業計程車司機駕駛的訓練工作，並在各縣市設立分班，普遍推行汽車駕駛訓練。時任省政府主席的黃杰，於1967年初視察駕訓工作時，再度保證受訓人員在通過訓練，取得駕駛執照後，政府將協助每二人貸款購買一輛計程車，貸款可分三年償還。

當然，由於早期三輪車伕有許多是教育背景不高或者識字困難的人士，一來交通標誌、號誌的識別對他們可能有難度之外，要通過駕訓考試更是困難重重。因此，由三輪車伕轉業成爲計程車駕駛員，並非可以如此順利轉軌銜接。直至1979年，台北市駕駛訓練中心64期的汽車駕駛職業班，都還曾發生過行賄案件。因爲，當中有卅餘名三輪車伕轉業者，半數不太識字，第一次考照僅有一人通過，爲謀求順利通過考照，而以活動費名義希冀駕訓考試放水的情事[27]。

儘管如此，三輪車全面禁止的政策也如同「箭在弦上，不得不發」般逐漸地落實。1967年的台北市交通秩序改進督導會報中，市政府重申落實禁止三輪車以改善交通的政策，並開始執行取消三輪車班營業，並且在早上七時至晚間廿三時，禁止人力三輪貨車與客車、手拉車在市中心出沒等等[28]。至於，上海幫的裕隆可以獲得青睞並受到民族工業的地位相待，一舉取得市場保護的身分，據說有一個重要原因

㉖〈裕隆計劃增產汽車．預計明年生產一萬一千餘輛〉，《聯合報》，1968.09.07，第八版。
㉗〈幫人考得駕駛執照．涉嫌收受賄賂．蕭一鳴被起訴〉，《聯合報》，1980.08.06，第七版。
㉘〈改善市區交通秩序．淘汰牛車人力板車．收購後銷燬並輔導轉業．市府決自明年元月實施〉，《聯合報》，1967.08.31，第四版。

乃是裕隆企業的員工，多來自於軍隊的汽車部隊維修工，在1972年出版的《裕隆二十年》紀念畫冊中，展示了從蔣介石以降的各級黨政軍特領袖參觀現場的照片，同時，董事長嚴慶齡在其緒言中也數次提到，裕隆的經營是爲了「厚植反攻復國力量」云云[29]。配合戰時動員，又可以消化美援從軍援用途被迫轉向經援領域，以及美援終止後軍中多餘冗員的出路。戰時體制下的思考，造就裕隆的特權特惠與市場優位。

當然，早在1950年代末期即有計程車客運開始誕生。但是，這通常是由民營汽車行兼營附駕駛之小客車租賃轉型而來。那時，台北市出租汽車公司開始改組成計程汽車公司，並開始在車上安裝計程哩數表，如北一、新生、國際、大同、復興與大新幾家。根據台灣省公路局規定，只有汽車行改組爲計程車公司之後才能巡迴營業，否則仍須駐行營業[30]。台北市三輪車工會也召集五千多輛流動三輪車，以每股台幣五千元的方式籌組了「建台三輪計程汽車股份有限公司」，希冀在五年內將流動三輪車轉業問題給解決[31]。

就這樣，倚靠腳力讓三輪車在街上風馳電掣的年代就逐漸逝去，並迎來了計程汽車在街上穿梭的風景，帶來時空距離的壓縮、都市的幅員與人口胃納（消化吸收的能力）亦隨之層層地往外圈泛開來。

㉙ 參見陳信行，〈就業、傳播與第一代工人階級生活網路的建立：新店地區1970-1990〉一文，發表於世新大學「傳播與社群發展學術研討會」，2002.06.29。

㉚〈北市數家出租車行．決改計程汽車公司〉，《聯合報》，1959.03.08，第三版。

㉛〈五千名三輪工友．組計程車公司〉，《聯合報》，1959.07.31，第二版。

■僑資與車行

計程車剛剛現身台灣街頭之時，政策紊亂不一，令人無法適從。例如，「街頭巡迴」穿梭乃是計程車的主要營業方式，至於駐點營業，則是傳統汽車行的地盤，而那些在街頭巡迴穿梭的計程車被禁止用電話預約叫客，讓電話叫客的營業型態，保留給傳統汽車出租行等等現今看來令人詫異的規定。同時，一方面爲了吸引所謂「僑資」，另一方面，又爲了扶植具有民族工業的裕隆汽車，於是，計程車行設立政策的背後，可說是充滿著各方勢力的拉扯痕跡。

首先，爲了吸引僑資來台投資於車行與扶植本國汽車工業，1960年經濟部與交通部分別建議行政院，撤銷台北市計程汽車一千輛牌照的限制。然而，開放出來的400多輛計程車牌照，絕大多數牌照卻都被進口汽車搶去，而裡頭卻幾乎是屬於僑資的計程車行。扶植本國汽車工業與放寬汽車進口吸引僑資來台的矛盾拉扯，就曾以計程車政策作爲衝突的火線場域。事實上，1960年12月23日的《聯合報》亦曾對汽車進口的實況提出質疑，並指出「經濟安定委員會」（1953-1958）爲了節省汽油，曾公布每一公升耗油量可行駛14KM的汽車始發給牌照，此一政策仍未廢止的情形下，美國別克、道奇、福特與日本太子等，不符合此項節省汽油的政策的汽車，在街上仍是大剌剌地出沒行駛[32]。

1960年10月29日，裕隆公司董事長嚴慶齡也痛陳政府對於保護民族工業，即對裕隆的保護不周，導致裕隆公司生產汽車難以出廠。嚴慶齡指出，當計程車問世之時，政府以僑資利益優先，讓僑資計程車行得以進口汽車作爲營業用計程車；此外，嚴慶齡也不滿於政府放任國外汽車廠商利用分期付款方式，讓台灣用戶可以購買得起國外進口汽車等等，皆讓裕隆國產汽車無招架之力[33]。於是，如前所述，在嚴慶齡抱怨完後的隔年1961，「發展國產汽車工業辦法」遂正式頒布生效。

在1955年11月19日公布的「華僑回國投資條例」之後，開始有僑資被吸引至台灣投產，並設立僑資計程車行，但此些僑資對於政府的計程車政策也多所抱怨不滿。1959年左右，在台北、台中、台南與高雄，就有五家華僑投資的計程車公司出現，且擁有多達五百七十輛的計程車。這五家華僑投資的計程汽車公司分別爲：（一）旅日華僑李智祥設立「華聯計程小汽車公司」，申請輸入小汽車八十輛，分別在台中、高雄兩市經營巡迴計程小汽車；（二）旅澳華僑區萬勝設立「台灣交通事業公司」，申請輸入小汽車二五〇輛，在全省各大縣市地區經營駐行營業小汽車；（三）旅柬埔寨華僑林昌設立「富強交通汽車公司」，申請輸入小汽車八十輛，在台北市駐行營業；（四）大陸交通公司，申請輸入小汽車八十輛在台北市駐行營業；（五）旅港華僑何柏杭設立

32 〈經濟漫談．進口汽車五問〉，《聯合報》，1960.12.23，第五版。

33 〈裕隆製造汽車．七年吃盡苦頭．政府一再打擊其發展．盼當局限制外貨進口〉，《聯合報》，1960.10.30，第五版。

「中央交通汽車公司」，申請輸入小汽車八十輛，分別在台中、台南、高雄等地經營巡迴計程汽車業務[34]。

■警總的關愛眼神

迨至1960年，有五家華僑的交通事業公司，包括台灣交通、全台計程公司、風行計程公司、華聯計程公司與全球交通公司，就曾聯名向政府陳情，指陳「警備總司令部」爲了輔導三輪車工友轉業，計畫每輛計程車分配七名三輪車工友，或者收購七張三輪車牌照，致使其公司無法負擔。此些僑資車行希冀政府在進口計程汽車的同時，將已經繳納給政府達四千八百五十萬元的稅收，挪作三輪車工友的轉業經費[35]。省議員郭石頭，也曾爲此向時任省交通處處長譚嶽泉提出質詢[36]。原本，台北市政顧問吳肇周是以，每輛計程車對三個三輪車伕和三台三輪車的比例，被警備總部硬是更改成一台計程車收購七張三輪車牌照，這當中是否有情治人員刻意製造上下其手的「尋租」（rent-seeking，分大餅理論）機會，實是相當啓人疑竇。

直至1961，仍有金山、台灣與中國交通等三家以上僑資

[34]〈北中南高等四地．計程車公司將出現五家．有關單位原則已同意〉，《聯合報》，1959.09.16，第二版。

[35]〈爲三輪車工友轉業事．五僑資交通公司．聯名向政院陳情〉，《聯合報》，1960.04.14，第二版。

[36]〈北中南高等四地．計程車公司將出現五家．有關單位原則已同意〉，《聯合報》，1959.09.16，第二版。

計程汽車公司，未曾繳納或者仍未繳足三輪車收購牌照補助費。對此，省交通處命令公路局在三月底前，對於這些未能在期限結束前繳納的車行，即行吊扣牌照及營業許可證[37]。但是，在三月底期限截止前夕，台北市14家計程汽車公司，包括復興、北一、新生、國際、飛龍、大新、金龍、大來、東南、中國交通、台灣計程、金山、華南、成汽車行等，聯名向司法院行政法院提出訴願，控告省交通處規定業者需繳納收購三輪車牌照費一節，乃不合法之情事。這是先前業者向交通處與交通部，分別提出訴願被駁回後的最後一搏。在訴願書中，此些僑資與土著業者寫道：「原告等經營小汽車客運業歷有數年，部分僑商亦係於1959年響應政府號召返國投資，當時對政府所定各種法規、稅課，無不遵辦照繳，收取運費亦依政府規定，去年之徵收水災復興捐每輛一萬元，亦勉力繳付。以營業競爭，收入減少，無法再作意外負擔。1959年8月29日省府交通處公告：原已領有執照而爲小型營業計程汽車，在台北市區者每輛由車主繳納收購三輪車牌照費六千元……」[38]

緊接著，在台北市七家未繳納收購三輪車牌照費的計程汽車公司，準備被政府停牌的最後一刻，在汽車客運公會的奔走之下，獲得交通銀行的貸款挹注，並繳納收購三輪車牌

[37]〈未繳收購三輪車牌照費計程車．下月起即吊銷執照．省令限本月內繳足〉，《聯合報》，1961.03.24，第二版。

[38]〈十四家計程汽車行控告省交通處．認收購三輪車照不合法〉，《聯合報》，1961.03.31，第二版。

照費等費用，此一業者與政府政策的糾紛遂宣告落幕。事實上，據當時交通處官員表示，此事乃層峰交辦，即使交通部和交通處官員心知不妥，也得像過河卒子一路往前。例如，省交通處處長譚嶽泉在答詢時亦曾說，三輪車減少之益並不悉歸計程車獨享，公共汽車、腳踏車等業者都會分潤，故計程車不應獨負其責[39]。

從此一紛爭乃起於警備總司令部的強力介入，並要求計程車業者擔負起三輪車伕的轉業經費等情事而引發[40]，是故，三輪車行當若非跟警備總部存有極親密之利害關係，警備總部何以會對三輪車伕的轉業問題如此高度關心呢?!同時，警備總部更進一步要求，每輛計程車需負擔七個三輪車伕或七張三輪車牌照費用，箇中疑竇的確值得深究。

此外，誠如僑資等業者在訴願書中提出，連一九五九年肆虐台灣的「八七水災」，他們都得自願（或被迫）繳納每輛車一萬元的「水災復興捐」，以及高昂的進口汽車稅等情事，再對比起裕隆指國產民族汽車工業，未受照顧的抱怨看來，國民黨政府被稱爲「萬萬稅」的歷史背景，亦就活靈活現地被攤開來。

誠如，台灣學者吳挺鋒指出，「萬萬稅」的國民黨政府，與台灣早期財政壟斷制度所服務的政治目的，幾乎是優先往國家暴力的強化（軍事）與統治需要（情治佈建）來集中，

---

[39] 何凡，〔玻璃墊上〕，〈墊上拾零〉，《聯合報》，1961.04.04，第七版。

[40] 〈爲三輪車工友轉業事．五僑資交通公司．聯名向政院陳情〉，《聯合報》，1960.04.14，第二版。

●荷蘭街頭造型可愛的「三輪計程車」，是給觀光客遊覽城市風景所用(著者攝)。

亦即戰爭財政動員的滿足爲需要。因此，服膺於「戰時動員體制下」的「萬萬稅」，和以國營事業和公賣爲名的財政壟斷，不是孫中山的民生主義「發達國家資本，節制私人資本」的踐行後果，更遠非西方理論下「市場vs. 政府」天平兩邊上，大有爲政府的宏觀調控，及優秀技術官僚的執行能力所致，並帶來西方學界以「發展型國家」（developmental state）此一虛名即可解釋台灣過去的經濟發展。簡單一句，此乃戰時動員體制下，服膺於單一目的下扭曲思考的預期外後果罷了[41]。這也間接說明了，爲何與台灣民主化攜手並

[41] 進一步可參見《國民黨治台片斷考》一書第一章，陳奕齊著，前衛出版。

進的，乃是1980年代以降的經濟自由化與市場化——畢竟對「萬萬稅」的政府除之而後快，或者幫助大有爲政府進行「瘦身減肥」（downsizing），即是「改革」與「進步」，且輕易地成爲全民的共識一般。因此，產業與市場的鬆綁或去管制（deregulation），遂成了1980年代後「改革」的代名詞，並主宰著爾後台灣各行各業極度市場化的表現。

■盧德派在台灣：激進三輪車伕

1811年代末，從英國的諾丁罕郊區開始，一群紡織業工匠，尤以剪絨工爲主，開始破壞砸毀紡織機器，以作爲對機器造成工匠工作機會的流失和取代的報復。這些被不屑一顧的歷史過往，在英國學者E. P. Thompson書中解救出來，並成了其筆下英國工人運動的先聲。如同，Thompson在其《英國工人階級的形成》一書前言中說道：「他們的集體理想主義或許只是空想，他們的密謀造反也許是有勇無謀，然而，正是他們生活在那個社會劇烈動盪的時代，而不是我們。」這種針對機械取代工人就業機會的焦慮，並引致工匠砸毀機器的暴動，即是知名的盧德派（Luddite）或盧德主義運動。

當雙腳踏踩的三輪車，逐漸被機器引擎帶動的計程車取代之時，那些年，宛如激進盧德派的三輪車伕們，也開始以砸毀計程車作爲報復。1960年8月，省交通處長譚嶽泉曾在答覆省議員郭石頭的質詢時提及，台北市自從核准計程汽車行駛以來，三輪車與計程車之間的糾紛已發生三百餘次之多，並被譚處長形容成此已成爲社會問題及治安問題，是故，對於計程汽車逐步取代三輪車決策的執行，均有待與治安機關的連繫、協調與合理處置云云[42]。

例如，1961年6月26日深夜，在台北縣永和中正橋便橋橋頭，即發生一件百餘名三輪車伕圍毆計程車司機的治安事件。當年，永和與台北銜接的中正橋，因正在進行拓寬工程，行人與車輛均由便橋通過，但由於僅限小型汽車及自行車、行人等通行，營業性之三輪車禁止過橋。三輪車業者眼見生意幾被計程車搶去，情急眼紅下，26日晚間乃相約百餘輛三輪車於夜間十一時，聚集在便橋永和橋頭。當時適有十多輛計程汽車從台北開來，過橋之後駛至永和碼頭邊之時，即受到爲數百餘輛的三輪車伕擋住去路，並喝令計程車之乘客下車改乘他們的三輪車轉載前往。其中台北金山公司一五一〇〇一五〇號計程車首當其衝，數十名三輪車伕大聲喊打，並用石子亂擲，導致該車司機何家軍被毆負傷，計程車亦被石子擊毀[43]。

再者，又如1962年7月8日下午，碧潭河邊一輛分屬台北美島計程汽車行，車一五一〇〇九七二號計程車，由司機王志超（卅一歲，山東人）駕駛，搭載客人抵達碧潭後擬回台北，適有幾位男女意欲乘車，此時，三輪車伕鄭林元（四十五歲，

[42]〈計程車收購三輪車牌照事．待政院核示〉，《聯合報》，1960.08.11，第二版。

[43]〈中正橋便橋橋頭風雲．百餘三輪車伕圍毆計程車司機．警察趕到抓著五個〉，《聯合報》，1961.06.28，第三版。

河北人）指王不應在他們的站頭拉客，乃發生衝突，事後王志超向警方報案，指鄭林元聚眾五、六人打他，並把其手錶打掉云云[44]。1962年10月13日，台北市白宮計程汽車行司機束慶云（卅五歲，山東人），13日下午6時許駕駛計程車一五一〇一六一四號出租計程車，載客到三重市正義北路於回程途中經金國戲院附近時，受到一名陌生的三輪車伕攔住汽車，並將他推出車外痛毆，束慶云被毆至頭破血流，已向三重分駐所報案[45]。1966年4月2日，基隆市有五、六十名三輪車工友，為爭奪生意與計程車結下宿怨，遂率眾包圍忠孝二路的「基隆」和「大成」兩家計程車行，除將停放在內的四輛計程車搗毀外，並將一名洗車工人圍毆成重傷[46]。

事實上，諸如此種三輪車伕圍毆計程車司機或砸毀計程車的案件，在那個年代時多所聞，畢竟當工作飯碗行將被取代之際，以生物性的本能的衝動作為反應，乃是相當理性且可預期的行為表現。但是，為了怕三輪車的干擾，計程車只好像流動三輪車那樣，在兩個班頭的空隙間「攔截偷載」乘客。為此，三輪車過渡到計程車的時代銜接當口，巡迴計程車在醫院門前不能等候去探病的乘客，否則將受到各方面的干涉，而停車場車停多了也將會受罰。交通部亦曾通令公路局，計程汽車只可街頭巡迴，而不可電話營業。照此規定，一般市民要坐起價較低的計程汽車，除了親自到車站外，須

---

[44]〈拉客爭生意．三輪鬥四輪〉，《聯合報》，1962.07.09，第三版。

[45]〈三輪車伕毆傷司機〉，《聯合報》，1962.10.14，第三版。

[46]〈基隆搗毀計程車案．涉嫌三輪工友．廿餘人移法辦〉，《聯合報》，1966.06.07，第六版。

在不至挨揍的冷街僻巷等候空車的經過[47]。

挺離奇的是，對此種可能燃起工運火花的盧德派三輪車伕，似乎未引起國民黨當局的大規模彈壓。同時，報章之中還出現許多語多諒解之報導。如同，《聯合報》1966年4月4日〔地方公論〕的文章中，即以基隆三輪車伕砸毀車行的事件，提出諒解車伕處境，同時以時代進步之必然的口吻，剴切地說明此乃是社會進步之必然之痛與必由之路：

> ……三輪車之成爲落伍的交通工具，早已是不爭的事實。無論就整頓交通秩序、講求工作時效，以及舒服、安全等觀點著眼，計程車之必將取代三輪車，這是大勢所趨，僅是時間問題，人力是無法挽回的。瓦特發明蒸氣機之初，引發出產業革命，在工業方面，機器逐漸代替了人力，當時曾爲西歐各國帶來極大的紛擾，社會秩序之混亂，無以復加。但是以人力爲主的工業產品，最後還是受到無情的淘汰。中國剛有火車的時候，也曾不斷發生過挖掘路軌、推倒車廂的事件，但是這也並未能阻止火車終於成爲普遍化的交通工具。對於三輪車工友的處境，我們非常同情，特別是其中有很多追隨政府自大陸來台的忠貞義胞，這些義胞因爲痛恨共匪，不願受「共髒」的奴役，才離鄉背井來到台灣，如今憑藉這種簡單的謀生工具，勉強維持個人甚至全家，遇到

[47] 何凡，〔玻璃墊上〕，〈計程車的苦惱〉，《聯合報》，1959.04.13，第七版。

像計程車這類強有力的競爭對手，自然要產生出一種怨恨的心理了。

但是我們必須認清一項事實：並不是政府要淘汰三輪車，也不是社會要淘汰三輪車，更不是計程車要淘汰三輪車，而是當前這個時代要淘汰三輪車。一切違及時代潮流的觀念和行業，其最後終必要受到淘汰。三輪車工友要使得自己不被淘汰，必須本身去適應這個時代，而不是拉住時代來適應自己。三輪車這種行業，日近黃昏，收入無多，早已形同雞肋。爲三輪車工友著想：如要改善自己的生活環境，只有以更加勤勞的服務爭取顧客，或者乾脆在政府輔導下設法轉業。[48]

此段報紙公論，提及了三輪車從業人員之中有許多乃忠貞義胞，或許這義胞指涉的是1955年從大陳島或者舟山群島，甚或韓戰來台戰俘等等新移民義胞。不過，三輪車行當跟警備總部的密切關係，或許也是國民黨政府對此種街頭發生的，盧德派三輪車武力幹架沒有進行嚴厲彈壓的考量之一。畢竟，如前所述，警備總部對此行業可說是瞭若指掌，再加上此一行業早已納編政府管理編組與動員編組之下，應該都是早年這些擬似盧德派車伕，此一星星之火難以燎原的結構困境吧！

---

[48]〔地方公論〕，〈讓自己去適應時代，對於基隆三輪車工友搗毀計程車的看法〉，《聯合報》，1966.04.04，第六版。

■在街頭嗆聲的司機

由於牌照控管的關係，台灣計程車大部分採取靠行制度，亦即計程車駕駛員必須先考上職業小型車的駕駛執照，之後再考取計程車職業登記證，然後透過掛靠（掛名認證）的車行仲介，以取得營業車輛資格方可執業。在1989年「汽車運輸業管理規則」修訂之前，是禁止個人經營計程車的，因此，從早期牌照控管衍生而來的靠行現象，每每是最令計程車司機詬病之所在。尤其，當車子售價變成個人可負擔購買之時，計程車駕駛人出資購買車輛，但所有權卻仍必須登記在車行名下，並以車行之名辦理營業執照等手續，使得駕駛員在形式上成爲車行的雇員，但車行實質上卻沒有雇主之責。車行立基在對個人從事計程車業市場禁入規定上，每月收取著計程車司機的血汗收入。在經濟不景氣、競爭愈趨激烈，以及威權國家體制的權威逐漸受到挑戰並有鬆動之虞時，此些舊時代的制度，即會成爲被質疑抨擊的標的[49]。

國內計程車之營運方式主要得向「車行」掛靠。車行又可分爲二種：一爲車行自購車輛並僱用司機，或出租給司機營業；另一種則爲司機自購車輛，但透由取得車行牌照經營，即俗稱「靠行」。 前者之車輛產權、老闆與司機之權

[49] 可參見蔡慶同，《當運匠聽到地下電台——論地下電台與社會運動之關係》，台灣大學社會學研究所碩士論文，1995。

利義務較爲明確；後者則因個人計程車司機購車後，無法向公路監理單位取得牌照，不得已轉而投靠車行，形成車輛所有權無法登記在實際所有人名下之不合理情況，加以計程車司機與車行間之合約內容權利義務不對等，部分車行收費不當，因而滋生司機的不滿與怨懟，糾紛爭吵時有所聞，部分計程車團體更以此爲藉口，要求政府全面開放個人計程車牌照。

在蔣經國晚年解嚴前夕，台灣社會已經在各種自力救濟、政治反對運動與社會運動的衝撞下，讓威權冰封的空氣逐漸被人民反對力量的熱度給消融。1986年7月2、9、11日，數百名計程車司機三番兩次齊聚立法院門口，要求取消靠行制度，同年8月，台北市計程車司機聯誼會成立，並在1987年5月，登記爲正式的「台北市營業小客車駕駛人工會」。其主要目標乃抵制當年6月，行政院要求該會成員，與其它具有資方背景的籌備會合組司機工會的主張。該會經常發起自力救濟行動，甚至包圍行政院等機關，主要訴求包括：廢除靠行制度、實施計時計程制度，以及暫緩實施違規加重記點吊銷執照等[50]。

事實上，在1974年11月15日，內政部亦曾頒布「計程汽車運輸合作社推進要點」，開放「汽車運輸合作社」（簡稱計程車社）的經營，由計程車司機組成「合作社」，並向公路主

[50] 可參見許家瑞，《計程車司機牌照開放問題與社會運動之研究》，東吳大學社會學研究所碩士論文，1996。

管機關申請汽車運輸業籌設許可。但此一計程車合作社的推廣，成效似乎不彰。最後，在社會壓力下，1995年9月13日由交通部與內政部，再度共同頒布「計程車運輸合作社設置管理要點」，並責成各地方政府，依當地計程車之供需特性與管理現況，訂定相關作業規定，開放由計程車司機自行籌組合作社經營，期能透因計程車合作社的投入，對爲人詬病的計程車管理制度產生良好影響。然而，此些革新依舊滿足不了計程車司機意欲成爲個體戶的個人車行之慾望。

事實上，來自於戒嚴時期對於車輛之管控心態（車輛可在戰時負起後勤運輸之工作），與透由牌照之發放介入計程車行業，姑且不論，當年國民黨政府的心態出發點乃是威權控管，但現實上透由牌照的發放，某種程度仍然維持一定的市場秩序，讓市場不至於競爭過激，導致此一行業「殺價競爭」（race to the bottom）之情事發生。然而，由於當時政府並非將市場秩序的維持責任下放給司機工會或駕駛員本身，而是經由牌照發放的方式發揮對車行的控管，並透由車行對第一線的司機產生間接管制，導致寄生階級——車行的存在。於是，不幸的是，以個人權利和自由爲名推導出的取消行業管控方式，便是希冀將計程車行業「市場進入」（market access）障礙給撤除——此乃無異於將計程車行業，進行全面性的自由化與市場化之意，使得威權國家原本以車行作爲代理控管剝削的黑手，逐漸引入另一雙「看不見的手」——市場來作爲管控，而無視市場競爭，可能對基層計程車司機帶來更爲悲慘的後果。

計程車行業開放的案例，其實可以見微知著地見到台灣威權解體時，市場力量如何趁虛而入的過程。對於威權遺產的清理，台灣選擇了一條最廉價與最便宜行事的道路，即：引進市場與資本力量以瓦解鬆動舊式黨國的威權控管，忘卻了國家干預之手的介入，原本乃以公營或國營面目介入市場，維持起碼的公正和正義。不幸的是，由於國民黨黨國一體之故，使得政府與國營事業便往往變成國民黨「官營」禁臠的事業，使得一種裂解黨國、讓國家中立化，與「去除官營」色彩恢復「眞正國營」面目的主張，在台灣民主轉型過程中沒被突顯出來，致使私營化或者市場管制的撤銷鬆綁，成了1980年代之後台灣民主轉型過程中的主要旋律跟選項。

勞動力市場一旦徹底放任，殺價競爭抑或跳樓大拍賣的情事，將會層出不窮。計程車市場更是如此。由於計程車的競爭並引爆械鬥的情事，在1961年的倫敦亦發生過。當年，倫敦計程車的規定，乃是遵照1869年的「計程車管理規則」的標準，絲毫不苟地規定著機件與車席（座位）的尺碼，計程車司機的服務規則則要通過警局特別考試，包括著城裡頭行車路線等都在考試範圍，以防司機繞路敲乘客竹槓。收費則是統一底價，雖然同行車多，但由於競爭的條件在嚴格規定下，基本上還是相安無事，秩序井然。

直至，有位青年鑽計程車行業規定的漏洞，經營了一家以小型汽車爲主的計程車行，由於小型車的成本保養費用、油料都遠比大型車經濟節省，乘坐費用自然較低，其大量發展的結果，大型車大受影響。倫敦計程車業中，大小型

●街頭小黃與政治，是相當有趣的台灣特色(照片由涂雄彪先生提供)。

車之間的紛爭於焉開始。原本，按照倫敦當局規定，小型計程車不許沿路攬客，一定要等候電話召喚才可以出車，這項規定原是避免大、小型車之間的競爭衝突而締訂的，但是執行過程中總有漏洞可鑽。例如，小型車在回程中順便攬客等等，對大型車司機而言，此乃技巧性的技術犯規，於是衝突四起。首先，大型車司機們組織起來成立參謀總部，專門對付小型車，用劃區分組的方式，24小時不斷猛打小型車行的電話，讓需要叫車服務的乘客永遠無法打進去車行叫車。這致命一擊，導致小型車行放出空車，機動地在大街小巷中攬客，衝突開始短兵相接。

接著，大型車行使出第二記狠招：開始攻擊那位首創的小型車行老闆，挑起種族糾紛，指控其拒絕僱用猶太人，因為，在大型車司機中，有為數不少的猶太人。他們指證歷歷，說有次一輛小型車獨自出動時，被大型車所逼到絕路窮巷之中，小型車司機大叫：「你們猶太人是回到以色列的時候了。」這句情急下的話，成了種族主義的帽子指控。之後，白熱化的衝突便是，大小型車集團總部，分別裝設無線電收音機，將各地現場衝突實況立即轉播，然後雙方車輛前去支援，砸車玻璃、放氣、拔零件、暗中燒車等激烈手段盡出。那年，倫敦計程車行業中被破壞的市場秩序，帶來了災難性的後果[51]。倫敦那場災難，在台灣計程車市場中似乎找到了重現。

■街頭衝組（群眾運動中較激進者）：全民計程車司機聯誼會

在1987年解嚴之後的街頭風景，不僅時常可見到計程車現身於街頭抗議的場合，再加上司機們與地下電台、無線電，這些利用科技產品突破國家控管的挑戰快感的結合下，計程車往往成了街頭資訊傳遞、流動幅員範圍最廣，以及調動最為迅速的街頭機動部隊。「全民計程車司機聯誼會」，即是在地下電台與無線電的科技護持下，轉變成那些年街頭最神勇的衝組。

[51] 參見〈倫敦的計程車紛爭〉，雪譯，《聯合報》，1961.12.01，第六版。

●台灣計程車除了載客營業之外，也是各種街頭政治宣傳的主角之一。照片場景是2009年5月，蔡丁貴教授從屏東走向台北參加517遊行的沿途一景(照片由涂雄彪先生提供)。

地下電台，是幹譙國民黨的空中基地，以此基地輻射出去的電波，隨著小黃（計程車）的流動普及開來。1993年10月，一群以台北縣市和基隆市計程車爲主，並以拒繳靠行費用爲訴求的司機組織開始串連成立，並取名爲「全民計程車司機聯誼會」。「全民計程車司機聯誼會」指控官員圖利財團，讓車行剝削司機血汗錢，司機只能被迫走上街頭，設若政府再無誠意解決，全民對外放話便會去「包圍連戰」。儘管，交通部在1994年6月1日全面開放個人計程車牌照申請，但是，申請條件要求司機在三年內沒有違規記點的紀錄。然而，計程車司機平常在交通警察的嚴打找碴下，此種三年內無違規記點的要求無異於是「完人」標準，於是，許多開了十幾、二十年車子的司機，仍舊無法取得個人牌照。當年，司機們謔稱這一條件要求要能達標，除非車子買來後，在家睡三年，才能通過無違規紀錄的要求並順利申請個人牌照。司機們沈痛地指陳，靠行司機自己買車，辦車牌要給車行8至12萬元，「租賃」3年的牌照使用權費用，計程車每隔2至3年就要換車，換車還要再給車行3萬元的手續費，每個月還要支付車行1800到2100之不等的行費等等，都是政府政策下對於司機的枷鎖束縛云云。

於是，從1993年11月18日的遊行開始，「全民計程車司機聯誼會」便開始將車子開向街頭，向政府怒吼著靠行制度的盤剝與惡質[52]。此外，由於「全民計程車司機」的工作良伴——「台灣之聲」地下電台，在1994年4月21日清晨被抄台，於是由「全民計程車司機聯誼會」發動所屬司機，先在三重市「台灣之聲」電台原址集結之後，沿著中興、忠孝、台北三座橋樑開拔到立法院。全民的司機將計程車以三排並放的方式，停放在立法院前的中山南路慢車道上，其餘車輛則在教育部前、濟南路、林森南路、徐州路並排停放，以癱瘓包圍立院的方式聲援「台灣之聲」，使得「全民計程車司機聯誼會」從爭取司機權益，轉變成民主與社會運動的直接參與者[53]。此後，一幕由司機與地下電台，聯袂地向國民黨抗議挑戰的政治運動序曲正式展開。

---

[52]〈橫跨東、西區．明天下午．計程車大遊行〉，《聯合晚報》，1993.11.17，第十版。

爾後，地下電台如雨後春筍般地在電波世界中滋生，並在國民黨控管的頻道隙縫中見縫插針，而全民計程車司機也逐漸地成為街頭常客和「街頭衝組」的代表。1994年5月19日，地下電台「基層之聲」接著在「台灣之聲」、「寶島新聲」、「綠色和平」和「南台灣之聲」的陸續設立後，找到FM91.1頻道作為寄生開始發聲，而全民計程車司機也在「基層之聲」中，開闢屬於計程車司機的節目[54]。全民計

●隨著「全民計程車」在台灣解嚴後的抗議年代中，坦率地在街頭進行政治表態之後，街頭小黃參與各種政治活動亦就屢見不鮮(照片由涂雄彪先生提供)。

---

[53]〈爭取開放號牌．聲援「台灣之聲」．400輛計程車請願．立院周邊交通大亂〉，《聯合晚報》，1994.04.22，第一版；〈聲援「台灣之聲」民眾．深夜仍未散去〉，《聯合報》，1994.04.22，第三版。

[54]〈「基層之聲」今天發聲．開放給弱勢團體〉，《聯合報》，1994.05.19，第十七版。

程車司機和地下電台，更就宛如「焦不離孟，孟不離焦」一般，展開了對於國民黨政權的街頭與天空的戰鬥。於是，在各種社會運動議題上，幾乎不難發現全民計程車司機的身影。

■新秩序抑或新暴力?!

隨著1994年台北市長選舉腳步的逼近，以外省權貴為主的新黨勢力開始集結，並以極端右翼的姿態對於這些反對運動進行圍剿和攻擊。首先，在國民黨文工會支持下，一個「台北市民權益自覺會」的團體開始出現，假借市民、消費者民意，提出市民乘客對於司機聽取「地下電台」，並受迫收聽的行為多感不滿，以及對於司機，尤其全民計程車司機，感到受威脅並心生恐懼之類的消費者調查開始透由媒體傳遞出來[55]。之後，1994年8月1日，全民計程車司機聯誼會到新聞局抗議其對地下電台的抄台行動，並跟鎮暴警察發生流血衝突事件，於是，全民計程車開始被汙名化為「都市游擊隊」[56]。同年8月14日，全民計程車司機在地下電台的號召下，也開拔到新竹聲援被抄台的「蕃薯之聲」，並在新竹市與當地「清溪計程車行」司機發生衝突[57]。一連串的事

---

[55]〈部分計程車乘客不喜歡聽地下廣播節目〉，《聯合晚報》，1994.07.29，第四版。

[56]〈街頭戰場〉，《聯合報》，1994.08.02，第二版；〈不能縱容"都市游擊隊"．執政黨嚴詞譴責〉，《民生報》，1994.08.02，第十七版。

[57]〈全民聲援蕃薯．途遇清溪互毆〉，《聯合報》，1994.08.15，第六版。

件，全民計程車司機的街頭衝組形象和名聲，早已在國人心中深植和遠播。

據說有「計程車公主」或「塞車公主」的警廣交通網主播，與新黨市議員候選人的秦晴（秦麗彷），發起拒搭全民計程車的抵制運動之後[58]，全民計程車便在新黨成立以來最重要的一場選戰——1994年台北市長選舉的背景下，政治光譜的極端化和兩造對立的態勢於焉成形。之後，新黨的「新思維」地下電台，亦模仿反對運動的地下電台向其支持者發聲之後，一條以政治、統獨立場爲鴻溝的線，硬是在不同計程車車隊、司機與市民間劃下[59]。

爾後，隨著台北市市長選戰愈趨火熱之際，善於造勢的新黨趙少康，遂出面抨擊全民計程車司機無異於街頭暴民，是義和團那種擋我者死的行徑，應該「通通抓起來」、「建立新秩序」，以便將陳水扁和全民計程車的暴民行徑劃上等號[60]，然後企圖以「小市民代言人」的方式吸納選票。此後，趙少康此種將政治對立緊繃化到極致的後果便是，讓縱使選戰期間的對立煙硝味在選後仍未見消散。1994年10月2日，那位沒啥sense的主播記者李四端也在市長候選人辯論會上，就統獨意識問題質疑民進黨此種暴力黨的形象，其行

---

[58]〈發起拒搭全民車．新黨遭到抗議〉，《聯合晚報》，1994.09.08，第十二版；〈秦晴抵制全民計程車、聚眾電台〉，《聯合晚報》，1994.09.08，第二版。

[59]〈民進黨市議員參選人赴新黨獻旗抗議．新思維電台負責人擬焚燒台獨旗幟．全民計程車司機揚言反制〉，《聯合晚報》，1994.10.01，第二版。

[60]〈北市長選舉全民譴責趙少康抹黑．趙少康：全民暴力習性不改像都市游擊隊〉，《聯合晚報》，1994.11.11，第四版。

徑亦跟全民計程車司機暴力如出一轍的指摘詰問陳水扁。

趙少康則打蛇隨棍上，接著抨擊陳水扁自喻「跟暴力劃清界線」，只是爲了騙取選票，否則爲何不敢譴責「台灣之聲」許榮棋或全民計程車，甚至在許榮棋被司法機關調查時，還要求寬容、溝通，而台北市民搭乘全民計程車，有幾人敢要求司機關掉收音機？全民計程車司機至此被妖魔化爲街頭暴力分子，同時，地下電台被等同於「街頭游擊隊地下司令部」，這一切透由市長辯論的媒體現場放送，「暴力形象」就緊緊貼在全民計程車司機身上[61]。再加上，新黨候選人不斷放出許多拒聽地下電台的乘客，被司機趕下車的「空氣新聞」，於是，全民計程車司機激進暴力的標籤更是如影隨形。

在社會運動風起雲湧的年代中，工會運動的路線以成立自主工會，抑或是進駐工會搶奪主導權以便改造「閹雞工會」體質，成了主要的兩條路徑。1994年9月25日，「全民計程車司機聯誼會」也開始將焦距轉回自己職業身分上，並亟欲搶奪計程車司機工會的主導權，而參與北縣計程車駕駛員職業工會的選舉，希冀改造閹雞工會體質，但那次工會選舉在選舉不公和作票的疑雲下，全民遂跟工會既有領導者發生衝突[62]。職是之故，只要全民出現在鏡頭或新聞版面時，幾乎是火爆衝突的場景，全民的激進形象亦就更難撇除。

---

[61]〈你問我答，火藥味夾雜掌聲笑聲〉，《聯合報》，1994.10.03，第二版。

[62]〈懷疑選舉不公．全民計程車司機抗議．北縣計程車駕駛員工會選舉會員代表．蔡茂林被打傷．票箱被砸毀〉，《聯合報》，1994.09.26，第六版。

基於街頭的「暴力對決」氣氛的愈加濃厚，再加上司機與乘客，因爲地下電台收聽與否問題幹架、衝突的新聞時有所聞，於是1994年11月8日，消費者文教基金會遂邀請三黨台北市長候選人，簽署交通消費「約法三章」公約，呼籲職業駕駛司機遵守「不強迫、非暴力、共和諧」原則。國民黨候選人黃大洲、民進黨候選人陳水扁，及全民計程車行代表先後都簽署公約，趙少康則派代表邱智淵至現場，並表示趙少康不爲全民計程車行背書，於是，擺出拒簽公約姿態的趙少康，瞬間讓「暴力對決」的氛圍凝聚高漲[63]。趙少康的選舉盤算，無非是企圖讓「暴力印象」與陳水扁陣營如影隨形，以便獲得選舉最大的利益，而非眞的在意乘客消費者，是否因爲搭乘「全民」的計程車而受到委屈。

隨著選戰日益激烈，各擁其主的司機便大剌剌地，在計程車上插上屬意黨派的旗幟，一時之間，計程車本身都成了候選人的流動招牌。拒簽公約的趙少康爲了搶新聞版面，不斷地挑上「全民」以對幹，全民也樂於奉陪。之後，全民計程車司機在街頭的毆打新聞不斷出現，至此，「暴力對決」的時刻終於來臨。不知是政治立場不同，抑或是工作辛苦火氣大，或者看不慣的狹路相逢，「新生活車行」司機跟「全民」亦在同年11月下旬，發生了一次百餘輛計程車對峙的衝

[63] 〈選舉「約法三章」．「全民」參與簽署．乘客有權要求計程車轉台關機〉，《聯合報》，1994.11.09，第五版；〈不願爲全民背書．趙少康未簽公約〉，《民生報》，1994.11.09，第十八版。

●在板橋火車站集結並參與街頭政治宣傳的車隊(照片由涂雄彪先生提供)。

突，全武行的對決態勢一觸即發[64]。

同年11月底，在地下電台號召與民進黨省議員參選人張清芳的率領下，全民計程車司機浩浩蕩蕩地開拔至新店天道盟精神領袖，羅福助兒子羅明旭省議員競選總部前「下戰帖」。結果，全民十九輛汽車被羅董手下砸毀，而張清芳亦當場被拖進去總部裡頭修理一番[65]。那年的台北，街頭的確很暴戾。

終於，暴力對決導致傷亡的時刻來臨。在台北市長選舉過後不久，1994年12月21日，全民計程車司機戴正昌在台北

---

[64] 〈計程車行衝突雙方互責·新生活指警方坐視對方傷人·全民反指遭挑釁〉，《聯合晚報》，1994.11.18，第七版。

[65] 〈全民計程車要對簿公堂〉，《聯合晚報》，1994.11.30，第三版。

統一大飯店前，因爲停車擦撞引起的糾紛而遭到殺害。由於有部分司機指出，戴正昌是遭到自稱新黨、竹聯幫的分子殺害，遂引起全民計程車司機聯誼會拉起：「新黨殺死人，警方放走兇手，全民何辜？引起人神共怒！」的白布條抗議。由於，台北市長競選期間，新黨對於支持陳水扁的全民計程車發動抵制，引發了新黨支持者與全民計程車司機聯誼會之間持續的衝突，迨至，以捍衛法統、道統，抑或對於民主進程導致社會氛圍和制度變遷而感到如喪考妣的新黨，或者是視國民黨如娘親的封建腦袋支持者，甚至台獨勢力壯大恐慌症候群者，在感受到社會的幡然易幟時，也就弔詭地走上炮製模仿「全民計程車」激進化的路子上。

■舊酒新裝的計程車械鬥

爾後，民進黨透由大小選舉的攻城掠地，而迅速地在政壇中佔有一席之地，同時更進一步贏得2000年與2004年的總統大選，於是，不知名角落裡也就時常會不斷冒出一群如喪考妣之人。當這群人的主子政黨淪爲反對黨之後，不問脈絡、時空與議題，一味地仿造過往抗議行徑，不僅弔詭地執起過往威權旛旗，更乞靈於大溪殭屍及其保守意識型態，大剌剌地開始佯裝扮演某種具有時代錯置感的反對運動。至於，從過往反對位置躋身執政大位者，在資本全球化進逼下，代工位置日益艱難致使過往資本積累，和經濟成長的歷史條件早已遺失之後，引進市場力量以便代替自由與改革的旗幟日漸失效之際，社會問題遂層出不窮，於是，2000年後的陳水扁政府亦就宛如人人喊打的過街老鼠。當年保守的反動勢力，便有了披著天使的外衣掩藏著魔鬼的內裡的可能，讓台灣社會逐漸地反智並跌跌蕩蕩地走到今日艱難之局面。

1994年，全民計程車隊的政治現身與立場出櫃情形，在2000年之後離奇地反轉。延續著1994年以來，趙少康在台北市市長選戰中統獨對立招數的操弄，亡國恐懼的怒火一直在此些如喪考妣的人士內心中燜燒。2003年9月7日，統派團體在台北市舉辦「民間捍衛中華民國國號」，及「反台獨救台灣」的遊行中，一群標榜「捍衛中華民國」的計程車隊開始駛向街頭。2004年總統大選前夕，一場由愛國同心會等等浸淫在過往道統的人士所發起的遊行場合上，120台所謂「中國車隊」的計程車也浩浩蕩蕩地參與遊行，在台北街頭繞行兩個小時宣揚理念，並在其終點站總統府前廣場，向陳水扁總統府隔空喊話。

於是，「全民計程車隊」與「中國車隊」的形成，就如同一齣1990年代以來，台灣反對運動與選舉運動歷史的「計程車」微縮版。事實上，1980年代的台灣，階級翻身的大洗牌遊戲在地皮、股票投機，和大家樂、六合彩等等投機領域中表現得淋漓盡致。但是，看似更多階級往上流動的機會，在土地、物價和市場競爭愈趨激烈的現實下，階級反倒是更加固著化，於是，以靠行剝削所催化出來的階級翻身困境，遂共同指向長期執政且統制經濟絕大部分的「萬惡國民黨」。如同，後來由白色恐怖受害者林樹枝當台長的「基層之聲」中，「全民計程車」直接開播節目，宣傳署名草民司機的不滿和心聲，讓出身基層草莽的「全民」司機的衝組形象，有將矛頭指向更為根本的社會矛盾——階級和政經資源分配的矛盾，並逸出統獨與藍綠可統攝的範圍。但不幸的是，當光譜另一造採取一種最保守，並捍衛不知所謂的中華民國的立場時，「全民」與「中國」車隊的街頭對立，亦就讓統獨、藍綠成了政治調色盤上的對偶色調，讓更為激進的可能——直指並炮轟台灣階級與政經結構的不義聲音跟力量被轉移消耗。

■市場，市場，多少罪惡假汝之名以行?!

隨著計程車行業市場的逐漸開放，市場進入的障礙逐漸調低，競爭日趨激烈化與白熱化。再加上，計程車駕駛的勞動技術門檻不高，路上小黃亦就愈塞愈多。在1974年開放個人牌照申請後，計程車數量迅速激增，在司機收入下降下，1978年再度凍結牌照申請。爾後，其間經歷多次牌照申請的凍結與開放，1996年開辦計程車運輸合作社申請後，又有一波新進車輛參與競爭。1996年，台北市計程車數量成長至歷史最高峰有39,408輛之譜。後來，由於受制於捷運開通並對潛在客源的分潤下，街頭小黃車輛數遂逐年降低，迨至2000年年底，拜經濟景氣低迷之賜，街頭小黃計程車數量又再度增加。從這一路市場開放的過程中，計程車行業除了同業競爭外，具有部分替代性交通運輸工具的加入市場，也加劇了小黃行業生意的競爭度。

因此，爲了在競爭激烈的市場中建構自身利基，1990年之後，各種計程車隊開始形成，以大台北地區爲例，包括長青車隊、聯久車隊、成功車隊、保安車隊、上達車隊及台灣大車隊等等開始成形。以台灣大車隊爲例，1991年台灣大車隊成立之初，就以新穎之經營理念改變計程車客運之服務，2002年7月，台灣大車隊更率先結合高科技無線通信技術、衛星定位功能、親切的客服人員及全自動電腦派車系統，提高服務效率。同年11月，台灣大車隊更舉辦「網路叫車服務」，同時於2003年8月啓用GPS系統，著重凸出宛如搭飛機般享受的服務品質，而迥異並睥睨於其它傳統靠行、無線電呼叫的傳統計程車經營方式。2005年4月中，台北智慧卡公司更與台灣大車隊的300輛計程車，聯合試辦「Taxi！悠遊台北」活動，讓民眾搭乘大台北地區計程車，可以使用悠遊卡支付車資。

以車隊進行集團的市場爭逐手法，開始在計程車市場中展開。這是市場競爭激烈化下的必然結果，其實這也是那些主張勞力市場去管制化與自由化，在沒了國家這雙看得見的手介入時，市場便會如神奇寶貝一般，取得好的良性結果云云。但現實上，實情往往不如自由市場派所預期的那般，因此，才會有凱因斯的經典名言：「長期而言，爾等全都掛點了。（In the long run, we are all dead.）」的說法產生。市場的善果可能往往如同久候未至的果陀（希望）一般，來不及盼到之時，惡果早已把我們呑噬。因此，計程車市場逐步自由化與大眾運輸工具逐漸齊備之時，不用懷疑的，一種新形式的械鬥只會更加層出不窮而不會減少。縱使，械鬥在所謂文明社會與國家力量威嚇下沒有大規模的呈現，也必定會以某種「內爆」的形式作爲出疹子的表現，並以個人自負盈虧方式來承擔。原是集體的共業，遂被巧妙地轉挪成「個人造的業，個人擔」！

此外，加上台灣在過往冷戰秩序安排下，友善的國際市場秩序因素早已不存，中國與前共產主義集團不斷地向地球釋放出的廉價勞力，逼迫擠壓著以代工賺取勞力差價的台灣，於是，國家整體資本積累步伐日益蹣跚，導致經濟成果分配在過去戰時體制，隨著台灣社會民主化過程而逐漸淡出空洞化的歷程，貧富二極的落差逐漸擴大與分殊化。復次，當台灣的政治遊戲逐漸在選舉萬歲的催化之下，返祖退化至蠻荒反智時代的台灣社會，一切幾乎可不問內容、不問是非，而只問顏色。於是，對岸中國的崛起，所有問題亦就夾纏糾繞一塊，並讓國外社會發展可依循的原則，或左右政治的光譜在台灣全然失效。於是，政治表現在台灣，變得不可理喻與不可解，讓人也無從置喙，亦無從說起。

■走筆至此

2006年3月20日深夜，台北街頭爆發的一場「全民計程車」與「中國計程車隊」，因爭逐排班地盤而招致械鬥對峙事件的背後，亦就宛如一場從人力車、三輪車以降，到計程車一脈相承的派系、幫口、地盤爭逐舊戲碼的現代版。但不同以往的是，以原鄉地域爲經緯區分的派系色彩，卻離奇地轉譯成統獨與藍綠爲梗概的軸線從中隱隱發酵著。至於，早年碼頭盤據、地盤爭逐的現象，則轉變至當前的幫口退位、國家市場干預力量缺席，而新秩序在自由市場競爭下難以建構，而返祖回歸原始狀態下的衝突表現。於是，那深夜的台北街頭上演的計程車隊械鬥，就不僅僅是非理性的兩車隊在爭逐酒店小姐、酒客等等……的排班引致的衝突如此簡單，而是一場計程車市場競爭下短兵相接的表現，並帶著藍綠、統獨區別的車隊械鬥。

於是，這場分屬不同車隊的小黃與運匠械鬥，亦就濃縮了台灣社會近年面對的種種困境，不幸的是，這分屬不同車隊的小黃司機械鬥，只被當成即溶新聞一般，翌日遂遺忘在新聞版面的角落裡。那場械鬥，儘管我們不在即時的現場，但某種程度而言，其實我們早就都在場參與了，不是嗎?!

2006.03.28，荷蘭萊頓

從《色·戒》談起
關於情報與情色的幾段故事

■話說前頭

那天，台北馬區長看了李安電影《色·戒》首映會後，竟然再度使出那無辜的可愛臉龐，並用大家習以爲常的哽咽聲音接受訪問道：「想當年，我也……」然後新聞採訪似乎就斷了。能讓馬島主落淚的電影，定是相當有看頭，只是，無奈置身紅毛國，媒體火熱的李安《色·戒》鐵定是無緣一見。

不過，從各種新聞報導中，似乎皆將《色·戒》的主角原型——中國國民黨情治人員鄭蘋如與汪精衛政府旗下特工丁默邨的故事，作爲新聞書寫的腳本看來，馬島主的：「想當年，我也……」的說法不禁引人遐想，馬島主是否是因想起那段屢被外界言之鑿鑿地，影射其出身愛國職業學生的故事而落淚呢？不論，馬島主是否眞的曾以職業學生身分爲黨國服務，中國國民黨慣用情治眼線鞏固政權卻是不爭的事實。

事實上，由於國民黨利用情治人員（intelligence agent）打擊

●《色．戒》故事中的女主角原型——鄭蘋如(取自網路共享資源)。

異己的威權過往，在民主轉型過程中一直未被認眞對待處理，更缺乏「轉型正義」（transitional justice）的政治工程的清洗重塑情治機構，導致台灣社會對情治人員的印象一直停留於「抓耙仔」的負面觀感，而非如同相對正面的FBI或007等等此些學有專精的情治人員一般。

讓歷史故事說話，是台灣社會相當欠缺的，故事版本或許可以不止一個，但是不斷去挖掘各種歷史故事，卻是一個國家與社會要邁向正常化過程必要也必須之事。於是，當台灣媒體把《色．戒》焦點放在梁朝偉「露蛋」的「色」（lust）情節上頭，那麼，底下則希冀把重點放在關於「戒」（caution）的部分，讓一些平躺於歷史黑暗角落的情治Spy的故事，可以再度被觀照／關照。

■北平李麗

知名導演李安的《色．戒》，在義大利威尼斯影展中大放異彩而掄元奪魁時，讓《色．戒》中情治Spy的故事，得以重新進入爾等民眾的視野中。於是，《色．戒》劇情原型中的鄭蘋如跟丁默邨的愛情諜對諜，也就被報章當成電影花絮般報導著。據說，在汪精衛政權附日後，上海極司菲爾路

76號（今天上海的萬航渡路435號），原爲日本人建立的特務組織總部所在，後來從「中統」（中央黨部調查統計局）叛逃並投靠汪精衛的特工丁默邨，對中國國民黨在上海活動的情治人員瞭若指掌，因此不斷追殺此些上海地下國特。據說，戴笠就打出他手頭上的暗牌，原江蘇高等分院首席檢察官鄭鉞的女兒——鄭蘋如，企圖以美色接近丁氏，並希冀得以剷除丁氏此位上海國特的心頭大患[1]。

尤其，中國國民黨倚靠情治起家，因此，有所謂特務頭子戴笠於1946年3月17日，於飛機撞山的事故陣亡後，遂加速了蔣介石的兵敗中國並遁逃台灣的說法。不論，中國國民黨建構的特務系統究竟是有十大、八大或五大的稱謂，中國國民黨的黨政軍警特張開的情治網，看來的確是相當嚇人。

●《色·戒》故事中的男主角原型，汪精衛旗下特工——丁默邨(取自網路共享資源)。

中國國民黨的「八大」情治單位，分別是指：1.國家安全局；2.中央黨部；3.情報局；4.警備總部；5.調查局；6.警政署；7.憲兵司令部；8.總政治作戰部。而「十大」的稱謂，則是將國民黨中央黨部再進行細分爲：海工會、陸工會和社工會。顧名思義，海工會是針對

❶ 龍中天，〈藍衣社、力行社與軍統〉，收錄於《透視情治系統》，頁63-95，台北：風雲論壇社出版，1985。

海外華僑的佈建滲透工作，陸工會則是以中國大陸的滲透爲主，社工會則是對台灣社會的監控、佈建與滲透。但事實上，若將情治範圍限縮，並以特勤爲主要工作而涵蓋台灣內部的島內安全、保防、肅靖、反間，以及對敵心戰等工作項目爲基準算來，「五大」情治系統便爲：國家安全局、情報局、調查局、警備總部和總政戰部等。姑不論，到底中國國民黨的情治系統究竟應爲十大、八大或五大，國民黨的特務政治和情治工作，眞是龐大到嚇人。

不過，話說回來，中國國民黨利用美色作爲情治最前線的手段，除了類似鄭蘋如此種名門閨秀之外，許多明星舞國皇后，據說也都是戴笠吸收門下的對象。早年相當知名的舞國皇后「北平李麗」或者影星白雲、王豪等，都曾被收納在戴笠手下，而成了情治眼線之一[2]。據此，國民黨慣用吸收演藝人員作爲情治最前線之一乃有歷史可循，那麼，對照今日台灣演藝圈內藝人政治立場幾乎深藍一片，裡頭是否暗藏國民黨早年情治眼線，實是令人遐想。

此位「北平李麗」的故事，儘管沒有如鄭蘋如一般因任務失敗而香消玉殞，但是「北平李麗」的一生，也算是充滿了戲劇張力。李麗從「北平」紅到上海，算是當時上海紅極一時的「舞國皇后」。後來也演出平劇，裡頭行頭全都是最佳上等之貨，同時李麗也從事電影演出。

---

❷ 龍中天，〈藍衣社、力行社與軍統〉，收錄於《透視情治系統》，頁63-95，台北：風雲論壇社出版，1985。

事實上，一般都將中國第一部有聲影片的頭銜，給予了當時知名女明星——胡蝶——的《歌女紅牡丹》，但據說，那部片的聲音是百代公司在幕後擴音放送，並非眞正的有聲電影。因此，當年中國第一部有聲電影應該頒給北平李麗主演的《春潮》一片。北平李麗是從上海虹口舞場竄紅，據說，當時的虹口包夾於前方的公共租界與後頭的華界行政區之間，成爲三不管地帶，於是，通宵達旦、夜夜笙歌讓虹口地帶可說是愈夜愈美麗。爾後，李麗遂從虹口小舞場升級到靜安寺路的聖愛娜以及維也納舞廳。之後，極有頭腦的李麗創造出一種一流紅牌的舞女文化——即不死守單一家舞廳候客，而是在不同舞廳間流連出沒，並以此勾起舞客、愛慕者遍尋不著的好奇心。據說，此種紅牌舞女傳統一直流傳到1970年代的港台舞廳[3]。

頗負盛名的北平李麗，身邊必定有許多眞假參半的故事流傳，以便創造出給世人流言蜚語的神話與八卦談資。例如，據說在1935-1937年，當李麗周遊歐美考察各國歌藝時，乘著諾曼地皇后號郵輪剛啓航之際，天空突然駛近一架飛機，並從空中拋下一大把鮮花。這把來自於好萊塢明星贈送給李麗的鮮花束，驚動了船長與同船乘客，當晚便爲此舉行聯歡派對並給予李麗「諾曼地皇后」的封號云云[4]。後來，在中日戰爭中期，中外新聞報紙曾出現一則報導指出：

---

❸ 作者不詳，〈歷畫滄桑美人——北平李麗的故事〉，《聯合報》，1966.02.05，第十二版。

❹ 寶齡，〈即將赴日公演京劇的北平李麗．「女孟嘗」曾是「諾曼地皇后」〉，《聯合報》，1954.02.22，第六版。

「舞后李麗最近在漢口被捕，解往重慶槍決，而她是日本人派出來的間諜。」但是，不到一個半月的光景，李麗人就在香港現身。根據北平李麗自傳《風月誤我三十年》一書中記載，李麗自承她乃重慶方面吸收，因而擔任了雙面諜的工作。總之，李麗的身分可說是相當複雜[5]。

1941年12月25日，香港被日軍佔領。日本政府委派磯谷廉介爲總督，廣東的特務機關長矢崎堪十爲政治部長，主管民政。當時香港許多名人都被請到香港大酒店軟禁，但由於矢崎一見李麗驚爲天人，傾倒不已，頓時成爲李麗的入幕之賓，此時李麗便一躍而爲香港名女人之一。據說，李麗曾透由跟日本人的這層關係，營救不少香港名人。因此，坊間傳言說梅蘭芳也曾受惠於李麗，並陪李麗粉墨登場唱戲，於是，梅蘭芳便順勢成爲矢崎公館中的座上賓，更讓這位流寓香港九龍的名伶梅蘭芳，可以在日本人的保護下搭乘飛機回到上海。此時，李麗也趁機拜了梅蘭芳爲師學習平劇。緊接著，北平李麗便打蛇隨棍上地回到上海，並繼續攀沿著這層與日本人的關係，幫國民黨的重慶政府從事某些地下工作。

隨著日本的投降，中國國民黨的敗逃台灣，北平李麗遂滯留香港，儘管美人遲暮，但由於人老珠黃且時事變換，滯港的北平李麗已不復當年的出手闊綽。但是，中國國民黨爲了證明自己的法統地位，不管在雙十國慶或者蔣介石壽誕或中秋勞軍活動等時刻，都還是會動員香港海外明星回國義

---

[5] 作者不詳，〈歷盡滄桑美人——北平李麗的故事〉，《聯合報》，1966.02.05，十二版。

演，以茲證明自己作爲「自由中國」的堡壘。李麗便時常跟隨著這些所謂的「自由影劇人」來台參加勞軍活動。1954年9月10日的中秋節勞軍上，李麗還身兼團長帶團從香港前來勞軍[6]。

1954年也是北平李麗難堪的一年。她的大養女李幼麗不知何故琵琶別抱，遠離李麗而去；此外，李麗生活略顯窘迫，竟又再度面臨與香港開達實業公司老闆丁榮照之間的債務官司，更讓北平李麗老態遽增，而有坐愁紅顏老之嘆[7]。此時，李麗尚期待能夠規劃日本平劇演出行，而讓窘迫的個人經濟與逝去的名聲有所恢復，但最後仍未能如北平李麗所願而落空了[8]。

對唱戲始終無法忘懷的北平李麗，在1954年蔣介石「六八華誕」之際，率領香港自由影劇人士來台向元首致敬祝壽之後，團員紛紛返港，獨留李麗滯居台灣，並搬遷到台北市詔安街，籌組劇班排練平劇[9]。

儘管如此，1955年2月10日，《聯合報》聯合副刊即刊登了一篇名爲〈伶票群像·美人遲暮·北平李麗〉的文章，並以「祖母型的交際花」稱呼李麗。可見，北平李麗在台灣

---

❻〈影星李麗林黛等·中秋節來台·參加秋節勞軍〉，《聯合報》，1954.09.10，第三版。

❼ 鏘鏘，〈近一年來的香港影劇界——影劇雙棲的李麗（上）〉，《聯合報》，1954.10.11，第六版。

❽ 鏘鏘，〈近一年來的香港影劇界——影劇雙棲的李麗（下）〉，《聯合報》，1954.10.12，第六版。

❾〈北平李麗昨天起公演平劇〉，《聯合報》，1955.02.05，第六版。

也隨著年華老去，而面臨交際吃癟的窘境[10]。

儘管，早年在這些中國人眼中的當代名女人：「一代尤物、舞國皇后」北平李麗、「美豔親王」焦鴻英、軍中芳草戴綺霞、穎若館主盛岫雲等乃四大名流招牌，曾經是何其地響亮，但1956年7月25日，即傳出北平李麗服毒自殺未遂的消息：「警察第七分局與李的親友曾紛紛到詔安街廿六巷十二號探問她，李麗親口否認她服毒的消息。」相關新聞則於翌日見報[11]。然而，對照後來留在中共陣營並教導李麗京劇的梅蘭芳之際遇，眞是有著雲泥之別。1956年5月，梅蘭芳代表中共並風光地率領團員八十餘人，赴日本進行文化交流一事看來[12]，流寓台灣生活不順遂並傳自殺的北平李麗，不禁令人唏嘘感慨。

翌年1957年1月14日，北平李麗因病住進台灣療養院調養。當年因爲大養女李幼麗早已因故離李麗而去，二養女李幼冬在1月16日晚上，遭家中四川籍32歲男傭趙明山持刀威脅予以性侵害[13]。此一事情報警處理後，李幼冬在某些雜誌報章的八卦式報導壓力下，遂於3月9日自殺身亡[14]。可見，台灣報章雜誌八卦化的現象，早就有其歷史可循。

---

[10] 秋柳，〈伶票群像．美人遲暮．北平李麗〉，《聯合報》，1955.02.10，第六版。

[11] 〈黃昏日落烏鴉噪．謠傳李麗曾服毒〉，《聯合報》，1956.07.26，第三版。

[12] 余心善，〈談梅逆訪日〉，《聯合報》，1956.05.19，第六版。

[13] 〈李麗養女受汙記．美人春睡男傭闖香閨．持刀逞慾做鬼也風流〉，《聯合報》，1957.01.27，第二版；〈強姦李幼冬．淫僕被起訴〉，《聯合報》，1957.01.29，第二版。

[14] 〈人言可畏含恨莫白．李幼冬自殺了．李麗含淚痛述其女死因〉，《聯合報》，1957.03.12，第二版；〔黑白集〕，〈誰殺死了她？〉，《聯合報》，1957.03.12，第二版。

1957年10月，李麗跟同居人「李大令」脫離同居關係而鬧上律師事務所，讓李麗名號再度見報[15]。1958年5月，歷盡滄桑的北平李麗控告她的琴師朱文龍，並指出：「她於今年三月間赴南部出演平劇，因籌措路費，將名貴舞台用的大地毯，交由琴師朱文龍介紹押給一位票友，得款新台幣五千元始得成行，不料最近由南部演戲歸來，發現此條據說是舞台上特用的地毯，有著紫紅底繡藍花而顯得瑰麗無比，長寬各約五十公尺，且全台只此一條可以鋪滿整個中山堂的地毯，已被琴師朱文龍取出賣掉，乃向警局提出告訴。」[16]當這位「一代尤物」北平李麗，只剩下這些早年唱戲的高檔行頭陪伴之時，這樣的新聞，對於曾經紅極一時的交際花、影星，且對照當年曾拜倒其石榴裙下的日本高級軍官，以及藉由所謂「附日」和「附匪」，而從國民黨敵對陣營人士中不斷獲取情報供給國民黨的北平李麗而言，眞是何其難堪。

然而，就在地毯官司見報沒多久，突然傳出一說已52歲，一說45歲的北平李麗，於6月23日跟37歲的青年會計師李兆聯結婚的喜訊。新聞報導上說：「新郎李兆聯今年卅七歲，福建長汀人，業會計師，住本市中山北路一段卅三巷四十號；新娘李麗今年四十五歲，北平人，業影劇演員，住本市復興北路五十號。」[17]從此之後，「北平李麗」的新聞

---

⑮ 黑松軒主，〈台前幕後．李麗痛下決心〉，《聯合報》，1957.10.21，第六版。

⑯〈琴師不踏實．李麗失地毯．昨向警局告狀〉，《聯合報》，1958.05.20，第三版。

⑰〈北平李麗．夕陽之喜．嫁得金龜婿．長郎十五春〉，《聯合報》，1958.06.24，第三版；〈李麗終身有靠．昨日下嫁李郎〉，《聯合報》，1958.06.25，第二版。

便鮮少見報。

或許，一生充滿戲劇性的北平李麗，也因為太過戲劇化而讓人懷疑其自傳記載的眞實性，但李麗爲國民黨進行雙面工作，的確也曾立下許多功績，只是，據說身爲李麗聯繫上線的某位將軍在抗戰勝利後回到上海途中，由於飛機失事，機上乘客十七人以及機員五人全數罹難，於是，此位將軍檔案所收藏關於李麗半生的工作成績，也因而全部人間蒸發。

「北平李麗」的故事，述說著另一種不同於《色・戒》中鄭蘋如的故事。此些在歷史檔案中見不得光的情治眼線、臥底、抓耙仔、線人等等的故事，在在需要後人用力挖掘方得出土。唯有如此，後人才能正確評價某些人的行爲和歷史功過，否則動不動就以「愛國」的名義爲自己的行爲脫罪，那就令人不敢恭維?!

■愛國職業學生？

當台北馬島主在觀看《色・戒》一片之後，發出了：「想當年，我也……」的哽咽慨嘆，實是讓人不禁會聯想到外界長期指控，台北馬島主在哈佛那段曾經扮演「職業學生」的過去。當馬英九受到職業學生抓耙仔的指控之時，馬島主通常會爲此興訟，甚至以那是當年的歷史時空下的「愛國行爲」爲託詞。試問，哪一位蓋世太保不是愛國公民呢?!那東條英磯更是愛國烈士的極品了啊?!因此，愛國學生不應成爲職業學生的遁詞，頂多只是「愛國職業學生」罷了。不過，馬英九到底是不是「愛國職業學生」之謎，只有更多檔案的開放，以及當年在海外無端被線民學生舉報，並成為黑名單人士的口述歷史拼湊比對，方能確知。底下，僅就當年海外黑名單大量出現的時空背景進行鋪陳，以側翼迴旋方式貼近當時候的歷史片段。

事實上，隨著1970年代初，台灣蔣介石的中華民國在聯合國席位，被中華人民共和國取代並驅逐出去之時，保釣運動也如火如荼地展開。許多台灣海外留學生投入參與保釣運動之後，政治立場頓時轉為親中左傾，展開所謂認識「社會主義祖國」，於是，一些台灣出去的台灣留學生就拋下一切回歸中國。為此，國民黨身扛的「自由中國」招牌已經隨著中國進入聯合國而鏽蝕之際，台灣的海外黑名單便開始大量出現，招致許多關注台灣前途的海外學子返國無門。也正是那個時候，親中、台獨與民主運動人士，被國民黨打成三合一的同路敵人。

以具體事例看來，1971年9月底，值此中華人民共和國十一國慶前夕，李我焱、王正方、陳恆次、陳治利、王春生（女），五名台灣出身的海外留學生組成「保釣訪問團」造訪中國，並拜會當時的中共總理周恩來。爾後，循著這個號稱「保釣第零團」的投共先遣部隊的步伐，在1972年、1975年分別以「保釣第一團」、「保釣第二團」的姿態的學生也陸續開拔挺進中國[18]。當這五位出身台灣的海外留學生組成

[18]〈35年前華人菁英的保釣夢〉，中國廣州《南方周報》，2005.08.04，http://news.sina.com.cn/c/2005-08-04/10417410659.shtml。

的「訪中保釣第零團」成行之後，驚嚇不已的國民黨政府立即吊銷此五位留學生的護照[19]。與此同時，標舉台灣獨立的留美學生黃文雄與鄭自才於1971年4月，在紐約槍擊到訪的蔣介石威權接班人——時任行政院副院長的蔣經國。黃文雄在紐約保釋之後，即刻人間蒸發；於是，台灣報章也於「保釣第零團」成行之後，爲配合國民黨炮製出的「三合一敵人」而引用美聯社香港報導指出：「（黃與鄭）此二人自美國取道加拿大抵香港後，即已進入大陸。」並進一步指稱儘管該報未指出具體日期，但據信黃文雄與鄭自才是與其他五名留美學生李我焱、王正方、陳恆次、陳治利和王春生，共同穿越邊界云云[20]。

1970年代，鑑於保釣運動所掀起的青年參與熱潮，國民黨黨部爲了防止校園學生運動變質，並加強對青年的「服務」工作，國民黨黨部也順勢成立了「青年工作會」，以便瞭解各校園社團的政治活動。再者，根據《透視情治系統》一書所載：「……國民黨中山獎學金出國以及軍方支助出國留學的軍校留學生，『自動自發』地協助海工會等各駐外單位，對留學國的『中國』留學生提供各種服務，當然他們的『服務』，在許多敵對者眼中視爲是『校園間諜』。」（引號強調爲筆者所加）[21]。於是，1974年考取中山獎學金出國，又

[19] 〈李我焱爲匪作倀·姚處長遺憾痛心·五留美學生附匪·決吊銷護照〉，《聯合報》，1971.11.28，第三版。

[20] 〈匪爪牙黃文雄等·經香港潛往匪區〉，《聯合報》，1971.12.30，第三版。

[21] 孫序笙，〈情治系統與黨、政、軍的關係〉，收錄於《透視情治系統》，頁96-109，台北：風雲論壇社出版，1985。

身兼主辦極右派刊物的《波士頓通訊》的馬英九，被視爲抓耙仔職業學生，實是有著其撇不清的歷史曖昧所致。

誠如，當年留學英國爾後轉進美國，後來回台投身社運的蔡建仁老師口述指出：「那年，某次曾去哈佛拜訪歷史系某位江姓學生，詎料此位學生竟然抱著我痛哭說：『中秋節馬英九請人家吃飯沒有請我，這下完蛋了……我糟糕了，我不能回去了……』」當年哈佛留學生圈子中類似的傳言，在在都增加了馬英九與職業學生之間千絲萬縷的連結遐想。馬英九究竟是否爲對手指稱的職業學生？抑或只是自稱的愛國學生？其實只要大家如實面對歷史，主動挖掘，眞相並不難找出。

此種職業學生的「校園服務」相當恐怖，惡質的或善良的各憑良心。例如，早年加州大學洛杉磯分校（UCLA）的亞洲圖書館，據說只要有人去翻看香港《明報月刊》、《七〇年代》等等刊物，即刻會被登記。因爲，當年圖書館仍是傳統的登記借閱方式，只消一查便知道究竟有哪些個台灣學生借閱此類「附匪刊物」。

2008年總統大選前夕，任職於美國Beth Israel Hospital病理學科的張啓典副教授，曾出面指控馬英九夫人周美青，當年在哈佛圖書館偷竊刊物被活逮。由於，台灣媒體攪進總統大選肉搏戰之中，讓張啓典當時的指控焦點被轉移成周美青到底有無偷竊被逮？以及周美青在哈佛的英文究竟是“Mei-Ching Chow”，抑或是“Christine Chow Ma”（克莉絲汀周馬）？而忘卻了張啓典教授本來指控的重點乃是，當年許多被國民黨視爲毒草的海外刊物，包括《台灣青年》、《獨立台灣》、《台灣月刊》、《望春風》等期刊，都因鼓吹台獨思想，在開放閱覽架上常無緣無故失竊[22]。不論，張啓典教授的指控眞相爲何，國民黨可說是長期企圖監控，並禁絕海外留學生接近所謂「思想毒草」。

除此之外，當蔡建仁老師在受訪之時也曾提及，某次去奧瑞岡的使館，碰巧電梯內有某位仁兄，才開口「中共」如何如何之時，那位同電梯的仁兄馬上說：「跟我說，你是誰，你怎麼講中共不講共匪……」此人乃後來曾任陸委會高官，當前任職於國防部的張姓高官。當時，張氏乃教育部派出的督察，掛名讀書，但是眞正的任務，或許只有更多史料檔案公布才能知曉了。

當年，在海外愛國職業學生眼線不斷地搜捕監控之下，也的確有些可歌可泣的故事發生。儘管，後來有些人在國家與國族認同立場上轉變成「社會主義祖國」那方，但總體而言，此些學生的氣魄跟人生態度，對比起這些黨國爪牙的職業愛國學生，可說是天壤之別啊！

蔡建仁老師口述的「小董故事」中的主角，讓人對其人生氣魄不得不再三嘆服。話說，有個外號名爲小董的留學生，台灣清華大學已經給予聘書了，彼時歸國學人可是閃閃發光之事，但此位魄力「殺很大」的小董在某次柏克萊的聚

[22] 〈英文名字Christine Chow Ma？張啓典：對簿公堂釐清事實〉，《自由時報》，2008.03.14；〈現身說明．張啓典：哈佛警局紀錄周美青偷竊〉，《自由時報》，2008.03.13。

會上，直接把清華大學的聘書，哼一聲便撕碎一地，並說：「那種喪權辱國的地方，我不回去，寧可在美國賣包子。」果眞，翌日即開著車跑到柏克萊大學門口擺起攤位賣起叉燒包。據說，此位小董乃柏克萊門口前攤販文化的開基祖師爺。

又某次，其貌甚寢的小董，在國慶晚宴上遇見了某位相當正點的國民黨外交官夫人，於是心生從外交官手中搶妻，以作爲對鳥中華民國滿腔憤怒的報復。由於，台灣外交官通常有結離婚多次的慣習，因此外交官多是老夫少妻，最後，小董果眞跟這位外交官夫人上演了一齣私奔記[23]。據說，張系國小說的《昨日之怒》，便曾書寫記載此段有著令人瞠目結舌的故事！

同樣是「愛國」學生，唉，當年的學子書寫的是此種令人感到熱血沸騰的故事，而不是那種見不得光的「小強故事」。2007年3月17、18日，在美國舉行了兩天大規模的1967反戰40週年的反戰紀念遊行。隔年1968，美國便由反戰變成全民停課，且進一步上綱爲反體制的文化運動。當時，某些海外的台灣留學生便是欣逢此一大時代運動並沾染當時的文化洗禮，當年，他們的熱情和勇氣，至今仍是當前海外台灣留學生難以望其項背的！

㉓ 以上提及的蔡建仁老師的訪問，出自於蔡建仁口述訪問，陳奕齊收集，2007.04.01。

■情治、黑道打手與鎮壓

報載，2009年12月23日，中國海協會會長特使陳雲林造訪大甲鎮瀾宮之時：「突然出現三百多名身穿紅衣或粉紅T恤的少年囝仔，目露凶光盤據路口監控人車，並以人牆圍住法輪功等異議人士；大甲鎮民代表易錦隆質疑是流氓治國，並痛批：『警察可以把制服脫掉，讓他們（青少年）治理國家就好了！』」[24]此外，報紙又繼續報導說：「江陳會期間，涉及組織犯罪遭通緝中的竹聯幫大老『白狼』張安樂，在中國隔海發動中華統一促進黨成員，在會場及陳雲林所到之處歡迎；警政署則透露，爲避免黑幫利用台中江陳會藉機滋事，已事先透過管道與各幫派溝通，密切監控其動向，避免擦槍走火。」[25]

2005年4月26日，連戰亟欲遠赴中國破冰，希冀利用中國作爲槓桿支點，再度撐開其於2004年第二次總統大選落敗之後的新政治舞台，以免人老珠黃而被歷史轉輪無情地輾過而遺忘。因此，疑懼連戰中國行轉爲「賣台行」的史明「獨立台灣會」及其支持者，便出動七十輛車隊及近百名群眾一路尾隨連戰車隊抵達桃園機場，詎料，機場三樓大廳充斥著黑衣人手持棍棒，瘋狂地棒打這群手無寸鐵的獨台會老人，

---

[24] 〈陳訪鎮瀾宮．300少年囝仔護衛〉，《自由時報》，2009.12.24。
[25] 〈白狼隔海動員．歡迎陳雲林〉，《自由時報》，2009.12.24。

引爆了「426事件」。最後，打人的黑衣人沒事，但史明以及獨立台灣會群眾卻受到法院判刑，高齡九十二的史明本人被判徒刑六個月，拘役五十天[26]。

從以上事件可知，黑衣人或紅衣人似乎經常以國民黨非法暴力的側翼姿態，打擊各種反對國民黨的力量和聲音。「江南案」中的情治與黑道聯手，展演了一齣惹毛美國山姆大叔的跨海行凶記，更是舉世沸沸揚揚的驚天之舉。不意外的，情治單位與人員，便時常以國民黨威權統治年代中，國家機器鎮壓管束人民的側翼爪牙的角色出現。情治單位慣用的反人權灰色私刑與暴力，跟黑道此種地下非法武力團體，當然有著本質上的親近性。因此，兩者合作或者情治單位利用黑道或混混以對付、鎮壓異議分子，亦就成了最權宜方便的手段之一。同時，只要事情曝光，擁有公權力的情治單位只消將責任推給黑道或混混本身即可，黑道、混混成了用完即丟的最佳抹布。在江南案中，若非聰穎的陳啓禮錄下一卷保命的錄音帶以交代事件始末，陳啓禮可能早就成爲用完即丟的犧牲打，亦或被情治單位滅口囉。

迨至，國民黨威權暴力統治逐漸失靈之際，群眾也隨之克服內心恐懼而把上街抗議遊行成爲慣習一般時，國民黨爲了取得「鎮壓有理」的正當性，往往會安插一些黑道混混或「自己人」，佯裝激進的抗議分子，讓遊行演變成挑釁、升高群眾情緒、找鎮暴警察滋事幹架的失控場面，並利用爛

[26] 史明，〈四二六擋車事件聲明稿〉，http://www.taiwanenews.com/doc/20091002102.php。

媒噁記的筆扣上民眾一頂「暴民」帽子，取得「國家鎮暴有理、政府驅散應該」的形勢。2008年11月陳雲林首次抵台並引發群眾抗議的事件中，即有便衣混入群眾之中生端滋事，企圖嫁禍給群眾而被抓包。1988年的「520農民流血衝突事件」，更是一個利用「假暴民」引發流血衝突的經典個案。

2008年3月16日的談話性節目《大話新聞》中，有位曾在1988年「520農民事件」中擔任鎮暴警察的觀眾叩應，揭露了國民黨政府利用「假暴民」以取得對農民鎮壓正當性的經過。當時的對話節錄如下：

鄭弘儀：桃園王先生你好！

王先生：鄭大哥、國棟兄你好。

鄭弘儀：你好。

王先生：看到鎮壓（謄譯：指中國鎮壓圖博人民），我就想到520農民事件。因爲，卡早我是鎮暴部隊啦。

鄭弘儀：喔，是吼。

王先生：當初那個時候，因爲人太多，那個時候國民黨爲了不讓它擴大。所以只有製造暴動，說甚麼打不還手罵不還口，其實那個時候爲了製造暴動吼，其實我們隊裡面，有派假暴民進去丟東西。

鄭弘儀：有影沒影啊？

王先生：是。這件代誌，我到現在都沒有講。單就從我們單位派六十幾個，還有從其它的單位派出去的。

鄭弘儀：你是當警察，還是當兵？

王先生：因為那個時候，我們負責那個收民進黨的傳單，因為他都會去發傳單嘛，負責去收的時候，有一、兩次就會擴大，其中我們有兩個同學被抓走，其實他們假都已經請好了，馬上就有人來帶回去，這樣子。

鄭弘儀：製造假暴民，和假暴動唷？

吳國棟：沒有這樣，無法度鎮壓。

王先生：因為那個時候，驚擴大（謄譯：指唯恐抗議情勢擴大），搞不好擴大到全省。所以只好，因為我們先丟東西，後面的人跟著丟，後面的人丟沒關係，一直讓它丟……然後才開始用水車……

吳國棟：那個時候丟汽油彈最嚴重了……

王先生：那個時候有影帶，你給他調出來看，那個時候先丟的都是我們這些理平頭的啦。

鄭弘儀：吼……

王先生：那個時候我們也不知道啊。

鄭弘儀：這樣說起來，這個政權也很邪惡ㄟ……

王先生：是這樣啦……

果若這位桃園王先生所言屬實，則國民黨利用「假暴民」的手段實是相當可恥。事實上，如果回到1988年的「520農民事件」前的一系列農民上街抗爭的歷史時空中，即可知國民黨政府的確是相當驚懼「農民運動」，將會如星星之火足以燎原般拓染，而引發全國農民的串連性抗議。

1980年代中期，台灣各種「自力救濟」風起雲湧，農民也不例外。1985、1986年左右，嘉南平原的農民因農地徵收、農地運銷、水租等問題產生自力救濟事件，並因知識分子的介入（以八〇年中期下鄉的「新潮流」系爲主）而初步進入組織化抗爭[27]。爾後，1970年代末山姆大叔琵琶別抱之後，台灣爲了取得美國農業州參議員的支持，長年對美國作大量的政治性農作物輸入，到了1980年代台灣開始受到美國不公平貿易的報復，而被迫得開放台灣農產品市場給予美國水果與肉類的進口，同時限制台灣稻米的輸出[28]。

1987年，以蘋果、水梨、葡萄等高附加價值經濟作物爲主要經營項目的山城地區（含東勢、卓蘭、梨山、神岡、新社等鄉鎮地區）農民，終於在政府開放美日水果進口的壓力下，走上反抗之路。於是，山城地區以客家人爲主力的農民，結合了彰化地區果農，共三千多人走上台北街頭請願，將戰後農民運動帶入高潮。其後，農運分子有意識地在各農村展開啓蒙、組訓工作，客家地區也陸續成立了山城、苗栗、新竹、美濃、屏東等「農權會」（農民權益促進會）[29]。

翌年1988年，農權會擴大全國串連，準備成立全台農權會聯盟，主導權則是在1987年年底在東勢地區發起成立的「山城農民權益促進會」——此一全台第一個農民權益組織手中。當時，「山城農民權益促進會」的檯面上主事者即是

---

[27] 楊長鎮，〈社會運動與客家人文化身分意識之甦醒〉，收錄於徐正光編《徘徊於族群和現實之間：客家社會與文化》，1991.11，台北：正中書局。

[28] 陳映眞，〈台灣戰後最大的農民反美示威〉，《人間》第30期，頁10-17，1988.04。

[29] 楊長鎮，〈社會運動與客家人文化身分意識之甦醒〉，收錄於徐正光編《徘徊於族群和現實之間：客家社會與文化》，1991.11，台北：正中書局。

民進黨泛美麗島系的林豐喜。至於，林豐喜背後的思想武器與群眾組訓工作，則是由具有左派思想氣息與特質的陳秀賢等人擔綱。於是，1988年農民舉事的316、426、516，則是陳秀賢背後密集組訓的街頭呈現，同時，五、六千名農民開拔至台北所參與的「316農民示威」，則是將抗議口徑對準「美國帝國主義」對台灣農民的剝削欺壓[30]。最後，此位台灣社運界中的傳奇與任俠之士遠走中國北京，並不幸於2009年4月28日突然病逝北京，享年五十又九。

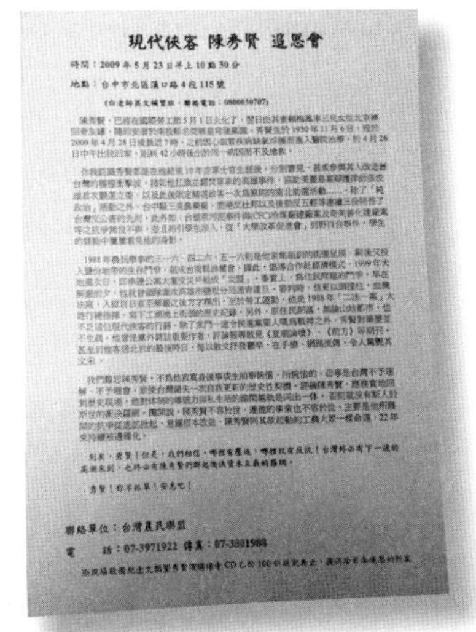
現代俠客 陳秀賢 追思會
時間：2009年5月23日早上10點30分
地點：台中市北區漢口路4段115號
秀賢！你不孤單！安息吧！
聯絡單位：台灣農民聯盟
電　話：07-3971922 傳真：07-3891988

●台灣解嚴前後的社運怪傑陳秀賢，其一生充滿傳奇色彩而充滿爭議衝突。照片中是陳秀賢的「台灣農民聯盟」故朋戰友，在2009年5月23日所舉辦的追思會通知(著者攝)。

由於，以美麗島系林豐喜爲檯面人物與勢力集結的「農權會」系統的一連串農民街頭運動，讓民進黨內新潮流系統唯恐農民群眾被美麗島系給吸納殆盡，於是一種派系鬥爭下的拚場較勁心態，終於讓新潮流掌控的「雲林農權會」，決定在520動員以雲嘉稻農爲主的農民走上台北街頭，並爆發了農民與軍警十幾小時的流血衝突事件。1988年6月28日，

[30]〔社論〕，〈現代俠客的殞落〉，《台灣立報》，2009.05.08；吳音寧，〈江湖三部曲之三——楊儒門〉，《中國時報》，2007.03.14。

表面以「山城系統」跟「雲林系統」的齟齬，背後則以新潮流跟美麗島的派系為隙縫分裂，終讓彼此分道揚鑣而分別成立「台灣農民聯盟」與「台灣農權總會」。林豐喜則擔任「台灣農民聯盟」的主席。

彼此的政治拚場行為，讓1988年一連串的農民運動了無農業內涵[31]，但也因為背後的民進黨派系勢力的政治拚場，而讓抗議行動可能會因為彼此間的激烈較勁而有了「出格」（香港話，意指超出常規或範圍）的演出，而拉高了農民抗爭的態勢。或許，正是基於此，那位叩應進《大話新聞》的觀眾王先生所言的：「當初那個時候，因為人太多，那個時候國民黨為了不讓它擴大。所以只有製造暴動，說甚麼打不還手罵不還口，其實那個時候為了製造暴動吼……」之言，便有跡可循。最後，誠如，世新大學蔡建仁教授指出，從1987年12月8日至1988年5月20日，乍見以為半年激越的農民運動風雲，只是「正打歪著」的歷史插曲，對台灣的農政毫無矯正，只是平白讓三、四人當了立委，當了國策顧問[32]。

話說回來，國民黨情治單位利用「黑道混混打手」或「假警察」名義，混入群眾集會遊行場合中掀起事端，造成台灣解嚴後上最大的流血抗議事件，並讓「520農民事件」染上了「白菜底下藏石頭」的「暴民」與「假農民」的疑雲[33]。

---

[31] 趙萬來，〈歪打正著說農事〉，《中國時報》，2002.11.27。

[32] 趙萬來，〈歪打正著說農事〉，《中國時報》，2002.11.27。

[33] 楊憲宏，〈他們並不知道自己在做什麼〉，《當代》第27期，1988.07.01。

事實上，早在1970年代末，高雄縣老縣長余登發受到情治單位利用構陷的吳泰安匪諜事件而被捕入獄[34]，並引發「黨外」在高雄縣橋頭鄉的「非法遊行」事件之後，《美麗島》雜誌社遂以「沒有黨名的黨」的姿態，在全國各地普設辦事處，以爲政治集中化之基地。那時，國民黨情治單位便屢屢利用黑道混混，作爲對異議分子的打擊工具。

《美麗島》雜誌成立之後，聲勢日漸浩大，於是，情治單位曾經找了許多「竹雞仔」（流氓混混）去搗毀高雄的《美麗島》雜誌社以及黨外頭人黃信介的家。根據時任《美麗島》雜誌高雄服務處主任的楊青矗指出，此些「竹雞仔」，乃是由高雄市成功路上的寶月飯店老闆拿出12萬請12個混混，軍分兩路於1979年11月29日中午12點，分別進入雜誌社高雄服務處和黃信介在台北的家進行搗毀，而自動請纓成爲情治爪牙打手的寶月飯店老闆，根據楊青矗引用年輕時曾在軍眷區跟黑道打混而被管訓，但後來金盆洗手並到《美麗島》雜誌社擔任義工的姚國建的說法指出，「寶月飯店」老闆也是黑道出身，開設「寶月飯店」之後遂成爲警總的線民云云[35]。

然而，根據一直住在高雄市成功路上「寶月飯店」的街坊鄰居的說法，寶月老闆乃是一位名爲「王寶月」的女士；

---

[34] 高明輝口述，范立達整理，《情治檔案——一個老調查員的自述》，頁59-63，台北：商周出版，1995。

[35] 楊青矗《美麗島進行曲——高雄事件（第二部）》，頁478-479，台北：敦理出版社出版，2009。

●圖中的「漢華飯店」乃是過往「寶月飯店」舊址，高雄市政府應該學習東歐國家，設立告示牌說明此一場址的歷史與政治意義，以「轉型正義」旅遊路線，作為城市觀光的行銷(著者攝)。

因此，姚國建說寶月飯店的老闆乃是黑道出身，而跟街坊指出的寶月飯店老闆乃是一位名爲王寶月的女士，乍看似乎有著矛盾之處，此些都亟待有興趣之人進一步研究滌清。此間位於高雄市漢神百貨斜對面的「寶月飯店」，早於十多年前歇業並多次轉手。目前「寶月飯店」舊址已經成爲新開張的「漢華飯店」，有興趣之人，或許可以抵達「漢華Hotel」參觀，以浸淫沐浴在歷史的想像之中呢。

此外，針對美麗島事件後來以流血衝突落幕，坊間也言之鑿鑿地指出：「當隊伍走到瑞源路中途時，忽有一群約三、四十名的年輕人，提著棍子從『鳳凰橋』餐廳衝出，混入群眾隊伍前頭。抵達大同路口時，遇到軍警兩百餘名。這三、四十名好漢領先打軍警，待美麗島人員走近時，他們一哄而散。」據說，餐廳老闆乃是時任高雄市市議員的陳聰敏，其與市長王玉雲為多年好友。事後陳聰敏被委以高雄體育協會要職以為酬庸功勞，底下這群三、四十名好漢，被捕後發現竟是政府所雇用的暴徒，並由當時刑警大隊大隊長施淵源邀請組織[36]。有趣的是，在2001年高雄市曾經發生的多所「校園體育工程貪瀆弊案」中，經營瑋漢體育設備公司並擔任負責人的前市議員陳聰敏、夫人陳吳素蘭，以及陳聰敏兒子業務經理陳宏俊皆被聲請羈押交保[37]。

當時，在戒嚴年代中，隨著高雄經濟的蓬勃發展特種娛樂行業有其市場需求，但由於受到戒嚴嚴格控管，於是，地下舞廳跟地下酒店，便在各種有力背景人士的撐腰之下雨後春筍般地到處開張。彼時，高雄這間「鳳凰橋」餐廳乃現今所謂的「地下酒店」，在高雄業內也算頗負盛名。後來，這批可茲運用的幾十名黑道打手，據說是由刑事出身且黑白兩道通吃的王玉雲老市長，打電話指示刑警大隊大隊長施淵源開始動手的[38]。至於，到底那天「鳳凰橋」藏了多少「假暴民」打手，據街坊指出可能有兩百名之譜，但報章或文獻則

---

[36] 秦玄，〈評高雄事件涉嫌叛亂案的審判〉，香港《七〇年代》第125、126期，1980.06-07，收錄於《高雄事件專輯》，香港：高雄事件專輯編委會出版，1980。

[37] 〈高市校園工程弊案・左營高中校長收押・16人交保〉，《自由時報》，2001.05.24。

[38] 楊青矗《美麗島進行曲——高雄事件（第二部）》，頁533，台北：敦理出版社出版，2009。

● 位於高雄市中正路與瑞源路口此棟大樓，即是當時具有改寫台灣歷史意義的「鳳凰橋」餐廳酒店的舊址。圖中「香華大舞廳」招牌底下的地下室入口，即是窩藏「真黑道假暴民」的餐廳所在(著者攝)。

● 圖片所在地乃是「自強三路120巷」入口，是當時《美麗島》雜誌社高雄服務處主任楊青矗舊居所在，亦是其受到逮捕之地。當時楊青矗夫人的淒厲喊叫聲，依舊徘徊在鄰居耳中呢。「轉型正義」旅遊路線，應該可以豐富高雄市的城市觀光內容呢(著者攝)。

有三、四十名到七、八十名的數字差異。目前，位於高雄中正路與瑞源路口那棟大樓地下室的「鳳凰橋」餐廳酒店（入口在瑞源路上），老闆早已多次易手換人，且在十多年前因發生槍擊命案而歇業閒置著。

至於，情治單位半夜逮人的戲碼，也是相當令人可懼。當時，擔任《美麗島》雜誌社高雄辦事處主任的楊青矗，也位列「美麗島事件」嫌犯的名單之上，據楊青矗指出，1979年10月13日清晨六點，門口衝進五、六位彪形大漢用抬豬的方式，將楊青矗拎出長長的巷口一氣呵成地押進車中，並駛往不知名的可怕未來。楊青矗位於自強三路120巷內的住家鄰居表示，楊青矗妻子那：「救人啊！」的淒厲聲調，至今仍舊徘徊在其腦海不去呢！

對於情治人員而言，他們的行爲是「愛國」的表現，但

●當年，若非鼓山分局局長宋國璋將在鼓山二路與綠川街口的，人權日活動宣傳車義工姚國建和邱勝雄逮捕，並抓進警局毆打一番而引發「鼓山事件」的話，則翌日的12月10日《美麗島》雜誌國際人權日活動的氣氛，或許不會如此劍拔弩張呢。記得，是鼓山一路的鼓山分局，而不是鼓山二路的鼓山派出所(著者攝)。

對受到情治抓耙仔迫害逮捕之人來說，威權體制下的情治人員，根本宛如是到處索命的牛頭馬面一般，總是令人不寒而慄。當時，影響調查局相當深遠的阮成章局長，即曾野心勃勃地喊出：「民眾之間每五百人，就要有一個是調查局的佈建。」[39]果若，阮局長的企圖曾經實現的話，那布滿情治眼線雷達的社會，根本就像是傅科（Michel Foucault）所言的「全景敞視監獄」一樣，監視的眼睛，無所不在。

[39] 高明輝口述，范立達整理，《情治檔案——一個老調查員的自述》，頁260，台北：商周出版，1995。

國民黨的情治運用，有色情、有黑道，更有著宛如電影《色・戒》中的人性扭曲與掙扎。國民黨威權與情治統治在台灣，讓人想起了19世紀末、20世紀初的墨西哥總統迪亞斯（Porfirio Diaz），面對美國崛起與擴張壓力時的喟嘆：「可憐的墨西哥，妳離上帝太遠，離美國太近！」挪移到台灣則成爲：「可憐的台灣，妳離上帝太遠，離中國太近！」因此，中國國民黨跑來了台灣，並讓台灣至今仍深陷各種伴隨「中國」之名而來的幽靈恐嚇之中啊。

如同，早年一位參與黨外運動的外省籍作家孟絕子曾經貼寫的一篇祈禱文：「主啊！三十三年以前，你把兩顆原子彈投在日本，把一個國民黨投在台灣。經過三十三年來的親身體驗，我們請你大發慈悲，廣施法力使時光倒流，把時間退到三十三年以前，到那時候，我們寧願挨十顆原子彈，但是千萬拜託，請把國民黨投在日本，去懲罰那些萬惡的日本帝國主義軍閥，阿們！」[40]

■遇見歐洲版《色・戒》

那天，有機會領著朋友一同造訪阿姆斯特丹，無意間碰到了一位靠色相收集情報的荷蘭歷史女性人物——Mata Hari（瑪塔哈莉）。提到阿姆斯特丹，大多數人腦中浮現的第一個印象幾乎是「紅燈區」，亦即尋常人等對荷蘭總有著

---

[40] 楊青矗《美麗島進行曲——衝破戒嚴（第一部）》，頁355，台北：敦理出版社出版，2009。

「性開放」的刻板印象在腦中盤旋。事實上，荷蘭不只阿姆斯特丹有「玻璃櫥窗」的紅燈區，荷蘭其它城市如海牙，亦有紅燈區在街頭矗立。

●傍晚的阿姆斯特丹紅燈區，環肥燕瘦的女郎便沿著運河兩旁櫥窗擺首弄姿(著者攝)。

邇近，阿姆斯特丹市政府爲了打擊犯罪，斥資台幣7億元收購妓院所在地的地產和房產作爲整頓手段，屆時，名聞遐邇的運河旁「玻璃櫥窗」紅燈區將大幅縮水三分之一左右，同時，從妓院和大麻店回收的土地，將被改造成商業用地和住宅區。阿姆斯特丹市市長認爲，阿姆斯特丹市中心色情業太過氾濫，而色情交易的背後，往往隱藏著剝削婦女、人口走私及洗錢等等犯罪活動。從阿姆斯特丹市市長的說法可確知，阿姆斯特丹市的「性開放」意象，往往從街景市容即可感知。位於阿姆斯特丹市的「性博物館」，裡頭即展示著許多測驗觀光客

●阿姆斯特丹的「性博物館」，參觀人潮絡繹不絕(著者攝)。

●「性博物館」內Mata Hari的塑像(著者攝)。

性開放程度的展覽品。正當雙眼在博物館中四處徘徊、撿拾瀏覽之際，突然撞見Mata Hari——Spy and Courtesan（間諜與情婦）的展示解說牌，立即將雙眼目光攫獲。這不是典型的《色・戒》在荷蘭嗎?!

Mata Hari（瑪塔哈莉），本名Margaretha Geertruida Zelle，於1876年8月7日誕生於荷蘭北部，那個以菲仕蘭牛奶而知名的菲仕蘭省（Friesland）的Leeuwarden小鎮。瑪塔哈莉的父親，是位出身於體面的喀爾文教派家庭並從事帽子製造的資產階級。據說，瑪塔哈莉母親乃印尼爪哇人氏，因此讓瑪塔哈莉氣質看來擁有東方的神祕調性，但這仍有待考證。6歲時，瑪塔哈莉隨著雙親搬往荷蘭大學城萊頓小鎮（Leiden），爾後，1895年3月，正當瑪塔哈莉18歲時，在報紙*Het Nieuws van den Dag* 讀到了一則，駐紮在印尼的荷蘭上尉軍官魯道夫・麥李奧德（Rudolf MacLeod）的徵婚啓事，從此二人結下緣分陷入愛河並決定走上紅地毯的那端。

1897年在兒子諾曼（Norman John MacLeod）誕生後，同年5月1日，遂陪同夫婿魯道夫・麥李奧德一起回到荷蘭殖民統治下的印尼。抵達印尼爪哇後，沒多久的光景，瑪塔哈莉的大兒子遂被小孩的褓姆護士（一說管家）給毒死。當然，外頭的八卦流言有的說，瑪塔哈莉先生魯道夫跟褓姆有一腿，另一說則是，魯道夫強暴了褓姆的女兒，而引發褓姆的殺機報復[41]。

迨至，1900年10月2日，瑪塔哈莉先生魯道夫再度病倒之後便從行伍中退役，直到1902年，魯道夫一家便搬遷回瑪塔哈莉朝思暮想的歐洲。沒多久，瑪塔哈莉遂跟魯道夫離婚，旋即前往花花世界巴黎，並埋下了其成就一代妖姬（femme fatale）的歷史。

爲了在這花花世界成名，瑪塔哈莉爲神祕化其出身，一開始對外說其乃某位在爪哇佛教僧侶和荷蘭女人的後代，爾後其家族成爲荷蘭駐紮印尼的重要殖民官員；但後來瑪塔哈莉又改口其出身而宣稱其父乃英國貴族，其母則是印度人氏，並練就爲一名印度神廟的舞者[42]。後來，爲了神祕化其過往，瑪塔哈莉（Mata Hari）的名字，遂在其表演的東方藝術博物館的老闆M. Emile Guimet的修改下正式確立，並以此名號在巴黎上流社交界開始闖蕩。

●「一代妖姬」Mata Hari(取自網路共享資源)。

瑪塔哈莉在印尼馬來文中的意思即是早晨的第一抹陽光——「朝陽」之意。現今在印尼很知名的百貨公司

[41] 維基百科，"Mata Hari", http://en.wikipedia.org/wiki/Mata_Hari。

[42] 道金，〈女間諜——瑪泰哈麗〉，《聯合報》，1972.12.11，第十二版。

也是一名爲Mata Hari的印尼人創立的[43]。瑪塔哈莉魅惑上流社會人士的印度風舞蹈，除了是具有神祕色彩的東方意象外，其舞蹈身穿的東方薄紗衣物，並隨著舞蹈的行進過程中一件件的卸除，於是，這位可能是首位公開跳脫衣舞的舞孃瑪塔哈莉，遂以其特有的東方氣質周旋於歐洲上流社會的男人間，並成爲情婦；同時，也因此種際遇身分，累積了瑪塔哈莉的名聲，以及收集重要情報的來源接收站。

據說，1914年第一世界大戰爆發後，德國軍官在某次見到瑪塔哈莉爲幾個上流社會大款的表演後，便以兩萬法郎吸收瑪塔哈莉，希望瑪塔哈莉能用令人心眩神迷的舞蹈和身體，魅惑這些重要大臣和將軍以套取情報。儘管，此時瑪塔哈莉已經接近徐娘半老之年，但誠如，1915年倫敦《每日電訊報》（*Daily Telegraph*）報導曾以：「桃紅色的身體，相當高，年紀介於35到40歲之間，相當漂亮的女人。」來形容瑪塔哈莉，可見瑪塔哈莉仍有相當迷人的姿色。但據說，瑪塔哈莉從未給德軍有價值的情報。

1916年，瑪塔哈莉與一位年輕的俄國軍官陷入愛河後，遂改變成忠誠對象，變成替俄國同一陣營的法國收集情報。後來，1917年1月，在西班牙馬德里的德軍，故意對柏林發送一個訊息指稱代號H-21的間諜提供的有用訊息，讓德軍在戰場上有效打擊法軍。此一誤導式訊息似乎是德軍故意放出讓法軍阻截，讓瑪塔哈莉此位雙面間諜身分曝光而無法繼

---

[43] 請參見MATAHARI百貨公司網站，http://www.matahari.co.id/。

續為法軍效力，以便孤立化瑪塔哈莉。

後來，失去情報價值加上法軍在戰場上不斷吃癟，於是逮捕瑪塔哈莉並判刑成了轉移法國國內壓力的手段之一，1917年2月13日，瑪塔哈莉遂在巴黎旅館的房間中被法軍逮捕，並在同年10月15日行刑，享年41歲[44]。

行刑之前，荷蘭女王曾經籲請法國槍下留人，但依舊被法國置若罔聞而處決。由於，瑪塔哈莉的一生故事充滿了戲劇色彩，於是，連行刑之時，都曾傳出說瑪塔哈莉向執行槍決的士兵飛吻，甚至，有一傳言說她拒絕矇上眼罩行刑，此乃因為她原本買通了行刑的士兵，以便進行假處決的詭計，但最後計謀失敗云云。

死後，沒有任何瑪塔哈莉的家屬出面認領屍首，於是，她的遺體就成為醫學研究用途，最後並被收藏於巴黎的解剖學博物館。2000年之時，博物館發現瑪塔哈莉的頭顱失蹤，身體的部分也不翼而飛，且可能早在1954年博物館搬遷之時即告失蹤。

1931年瑪塔哈莉的故事拍成電影並由葛麗泰・嘉寶（Greta Garbo）主演。2003年，法國也有一齣名為《Mata Hari : la vraie histoire（Mata Hari：眞實故事）》的電視影劇播出。可見「性」與「情報」這兩種原就屬隱匿見不得光的領域，加入上流社會的和政經鬥爭的夾纏元素後，本就足以引人入勝並得以攫獲一般人的偷窺獵奇心態。

[44]〈巴黎世紀女諜死得冤枉？法國學者為其翻案〉，中國新聞網，2004.12.21，http://news.sina.com.cn/cul/2004-12-21/2283.html。

瑪塔哈莉的故事，充滿了傳奇張力，再加上20世紀的兩次世界大戰，以及緊接著的共產與資本主義集團之間的冷戰對峙；於是，瑪塔哈莉作爲一代妖姬的傳奇就成爲上個世紀最膾炙人口的女間諜故事，並成爲歐洲版的《色．戒》。在中日戰爭之時，川島芳子即被稱爲中國版的「瑪塔哈莉」[45]。瑪塔哈莉，就在這樣幾個元素之下，成爲20世紀不朽的情報女間諜。

1966年，越戰如火如荼展開時，美國支持下的越南西貢政府，亦曾於當年四月中旬破獲一個代號「瑪塔哈莉」的情報總部。據稱，此一情報總部由三個美麗少女組成，主持者爲19歲正值花樣年華的極其美麗的少女，她們將西貢商人手中的抗生素藥品跟游擊隊的木材和炭進行交換，並替越共收集情報[46]。

1970年代，英國政府更曾經直接在北愛爾蘭伯爾發斯特（Belfast）利用女色收集北愛共和軍的相關情報；此次，英國政府是直接開設豔幟高張的妓女戶，並委請對經營妓院有心得的倫敦黑道分子來經營管理[47]。

1973年5月，冷戰對峙的年代中，英國跟當時西德警方查獲一個國際賣春組織，在歐洲任何一個城市，只消一通電話，應召女郎就會搭飛機出差應召。但是，英國跟西德警

---

[45] 朱錦華，〔東張西望〕，〈約瑟芬貝克與阿卿嫂〉，《民生報》，2006.08.14，A4版。

[46] 〈西貢員警破獲．越共間諜機關．由三美麗少女主持〉，《聯合報》，1966.04.16，第四版。

[47] 劉易士原著，林嵐譯，〈女王陛下的女色間諜活動（一）〉，《聯合報》，1976.04.29，第十二版。

方懷疑，這一應召組織是由共產國家在背後撐腰，許多東德女間諜學校受訓的女性也混跡其間，以「性」爲武器收集情報[48]。

當然，女間諜的工作不一定都得以色誘爲主要手段，且皆以不太順遂的下場遭遇落幕。事實上，2006年年底，英國跟法國的駐美大使館頒發了一枚「大英帝國勳章」，給曾在二次大戰期間深入納粹敵境，爲美、英、法三國立下汗馬功勞的美國傳奇女間諜維吉尼亞．霍爾（Virginia Hall），表彰此位女間諜對盟軍的貢獻[49]。

2007年7月，美國《洛杉磯時報》也報導說，現任以色列的副總理兼外長的齊碧．李夫妮（Tzipi Livni），可能成爲卅多年來首見的以國女性總理。而齊碧．李夫妮本人則是出身於以色列情報局的女間諜[50]。果眞，齊碧．李夫妮一舉於2008年9月17日的以色列執政黨——前進黨——黨主席選舉上勝出，並順利出任以色列的總理一職。

此外，由於李安的《色．戒》一片叫好又叫座的情形下，國安局人員程念慈，跟2002年擔任美國首席副助理國務卿凱德磊（Donald Keyser）的案子，亦就被外界繪聲繪影形容成《色．戒》的台灣當代版，並被媒體煞有介事地大做文章；同時，由於程念慈於2007年10月中回台灣參加公費留學考試，恰巧被某位也參加考試的中時記者撞見，並被再次炒作

---

[48]〈應召女郎有國際組織．共黨間諜在幕後操縱〉，《聯合報》，1973.05.29，第三版。
[49] 美聯社電，〈傳奇女間諜．英法追贈勳章〉，《歐洲日報》，2006.12.13，第三版。
[50]〈歐梅特地位搖搖欲墜．女間諜可能接任以總理〉，《歐洲日報》，2007.07.11，第三版。

消費了一次。事實上，有一說法指出，程念慈遠非這種情報人員，凱德磊不過是美國內鬥下的犧牲品，剛好凱德磊2003年9月前往台灣與程念慈會面而成爲被攻擊的把柄，而鬧成沸沸揚揚眾所皆知。此種說法有其眞確性，設若，程念慈是當中女間諜的話，美國政府爲何仍讓程念慈在美國居留而不逕行驅逐遣送回台灣呢?!

在程念慈跟凱德磊事件發生後，中國的報紙也曾經報導說台灣政府有利用女間諜美色的慣習伎倆，並指出2004年1月被中國國安人員拘捕的台灣情報員余詩屛，也是類似的女間諜。報導中也指出1970年代，台灣國安局大舉招考「政治作戰學校」畢業的女軍官進入國安局，並賦予滲透進到台灣社會各界活動，並告之「搞得滿身香，情報才吃香」以收集各界情報。由於，彼時值此台灣被從聯合國趕出、中美斷交、兩次石油危機造成經濟的衝擊，以及台灣社會反對運動開始醞釀之際，因此中國報章的報導，似乎有幾分眞確之處。

《色．戒》中的「雙情」情節——情報與情色，往往夾纏著人性的扭曲在裡頭，因此，趁此馬英九爲《色．戒》哽咽之際，特此紀錄下幾則埋沒在過往的情報故事中的人與事。

2007.10.16，荷蘭萊頓

工運小史料補遺
從曾茂興的逝世談起

■楔子

2007年9月19日，曾任總統府國策顧問的知名工運人士曾茂興，因肝癌折磨侵襲而不幸往生。大凡對1980年代中末期，此一台灣工運從捲惹起千堆雪般的高潮激昂，到谷底低盪徘徊的歷史關注之人，定會對曾茂興先生的往生感到無比惋惜與痛心。

這位曾帶領桃園八德聯福製衣廠關廠的失業女工臥軌，且曾任國策顧問的工運聞人曾茂興往生之後，報章上出現了一些爲了紀念此位1980年代以降，在台灣工運歷史上佔有一定篇幅的曾茂興先生，出現了一些曾茂興與工運關係的紀念書寫，甚至在報紙上出現短暫的辯論。

歷史本就有不同的書寫與讀解方式，但以勞工爲書寫主體或者站在勞工立場上讀解書寫的歷史，不論是所謂勞工史或者更廣義的社會史（social history），長期在台灣卻稀薄到可憐。因此，隨著曾茂興先生的逝世而在報章捲惹起些許關注台灣工運歷史和路線的小辯論，實是值得鼓勵。

此外，誠如國際上研究中國歷史的後殖民學者杜贊奇（Prasenjit Duara），在其1996年出版的《從民族國家中拯救歷史》（*Rescuing History from the Nation*）的著作中，提到中國的近代史書寫總是被「民族國家」的歷史書寫給綁架，而企圖用所謂「分叉歷史」（bifurcation）的方式，拯救出那些在民族國家建構的歷史敘事中被壓抑的歷史。姑且不論，杜贊奇到底最後有無將那些被壓制者——不被正視的菁英、各種制度和運動的觀點——的歷史成功拯救出來，但武斷率爾地說，杜贊奇的「分叉歷史」的提法，的確有鼓勵人將台灣歷史從中國國民黨史觀到民進黨的史觀之外，另外重新滌清收集和整理出，以草民（grassroots）和工人爲主體，或以工人爲立場開展的不同歷史觀。

此種工人歷史，甚至上昇到工人史觀的視野展開，是建構台灣最欠缺的工人和階級意識的重要素材跟觸媒。職是之故，底下便是順著台灣1980年代工運史以降，佔有一席之地的曾茂興先生不幸往生而在報章一隅激起的一絲辯論漣漪，紀錄挖掘一些被遺忘的工運小史料，以對台灣工運的歷史書寫進行補遺和補白的工作！

■工運史中的《色．戒》

事實上，曾茂興先生往生後激起的工運史辯論，主要是圍繞在曾茂興到底在1980年代台灣工運飆揚期，及其以後佔有的分量跟位置，且這些位置跟比重究竟應該如何解讀與書寫的小爭議。於是，當一方撰文紀念曾茂興先生對台灣工運的貢獻及其令人景仰的人格操守時[1]，另一方即批評儘管工運中人皆對曾茂興先生的去世深感惋惜，但過度突出曾茂興在工運位置上的褒揚，顯有將集體性的工運廉價解讀成工運的個人英雄史觀之虞[2]。不論，雙方辯論的結果爲何，關於台灣工運歷史的辯論，是顯得太少而不是太多。

但是，在從此次辯論中似有一些值得繼續深掘推敲的地方，以茲作爲台灣工運歷史的補遺。事實上，此次辯論中似乎跟主流歷史論述一樣，在談論到1980年代以降的台灣工運時，總會寫到並潛藏一種「台灣工運是在解嚴後開始狂飆」云云的歷史共識。然而，這只是部分的事實，同時，此種論述方式，也容易流入民進黨衝撞戒嚴體制，而帶來各項社會運動蓬勃發展空間的所謂「民進黨史觀」。

事實上，姑不論1980年代以前台灣島上的工運爲何，就在1987年6月値此解嚴前夕，高雄南亞台塑廠工會舉行工會改選，南亞台塑工人顏坤泉即曾透由此次改選搶下資方鬮雞工會，並將其內造爲自主工會的破天荒事件看來，工運跟黨外民主運動是聯袂在不同地方努力，而一起將台灣的幾十年解嚴高牆給共同推倒的！

邇近，由於知名導演李安的《色・戒》在義大利威尼斯

---

❶ 林宗弘，〈追悼工人曾茂興〉，《中國時報》，2007.09.20；何明修，〈曾茂興之後的工運〉，《中國時報》，2007.09.26。

❷ 楊偉中，〈工運豈容英雄史觀？〉，《中國時報》，2007.09.27；何明修，〈是否英雄要看一生〉，《中國時報》，2007.09.29。

●照片右手邊乃是台灣自主工運史必須記上的人物——顏坤泉(著者攝)。

影展中大放異彩而掄元奪魁，讓《色・戒》中情治Spy的故事得以重新進入爾等民眾的視野中。不論，《色・戒》中的情治人員原型鄭蘋如跟丁默邨的眞實故事爲何，1980年代以降的台灣工運，其實也充滿著各種情治人員和線人的穿插其間。

台塑南亞工人顏坤泉可以在解嚴前夕，一舉撂倒王董麾下的閹雞工會，並將其給改造成相對自主的工會，據說乃是得力於一個秘密武器——全額連記法（block vote）。事實上，顏坤泉他們掌握的工會代表剛好過半罷了，但是透過選舉技巧「全額連記法」的策略使用和操弄，便造成了「贏者全拿」的局面，進而掌控整個理事會和奪下理事長的寶座。事實上，所謂「全額連記法」，即是視應選名額的多寡，選民在選票單上可圈選足額的候選人。舉例來說，如果某選區要選三名代表，每位選民有三張選票，可分別投給三位候選人。

此種「全額連記法」、「限制連記法」（limited vote）的奧妙應用，即是某個跟顏坤泉同樣在碼頭工作，並曾任高雄碼頭工會重要職位者所傳授的心法祕訣。如果深諳高雄碼頭風雲，此位碼頭工會人士八、九不離十乃跟情治單位有著千絲萬縷的關係，據說，亦可能是警總或調查局的諮詢人員之一。

此位碼頭工會人士，是在高雄市建國路靠近高雄縣鳳山市附近一間作黑仔的「茶店仔」中，授與顏坤泉幾位工人關於「全額連記法」跟「限制連記法」的選舉投票伎倆。儘管，當時台灣社會變遷的胎動早已蠢蠢欲動，但由於社會尙未解嚴，肅殺的氣氛依舊瀰漫，於是，躲進「查某間」裡頭，似乎成了情治人員搜尋不到的死角。據說，南亞有位工人可能是這間外頭有粉紅色燈光的「茶店仔」的老主顧，因此，才會以此作爲密謀造反之基地。果若傳聞屬實，此位傳授投票伎倆的碼頭工會頭人也屬「情治」中人的話，則這把宛如「天火」的「全額連記法」在情治中人的傳授下來到人間，並開始以台塑南亞廠工會作爲第一次照耀的表現，從此天火普遍爲世人所知，宛如燎原之火一發不可收拾地在各工會選舉與自主化運動中被當作策略武器使用[3]。2000年，全國產業總工會成立之時，頒發給顏坤泉一座工運貢獻獎，並指出顏坤泉乃是：「1987年挑戰王永慶集團，推動南亞工會自主化的靈魂人物，爾後造成全島籌組自主工會風潮的契機！」

得獎的理由中所指稱的：「造成全島籌組自主工會風潮的契機。」具體而言乃是指「情治」中人在「查某間」幫忙盜取的天火所致。於是，台灣工會自主化的風潮，就沾染上了情治與色情。這段歷史在一般主流工運書寫中，宛如被蒸發般的遺忘。小人物的歷史，總有些讓人意想不到之處啊！

爾後，當開始有所謂工運「外力」（agitator），或者當年郝柏村時任行政院長時提出的「工運流氓」的介入幫忙下，高雄的一些「工運外力」們，即開始與不同工會的活躍幹部在高雄市中華路上「小南便當店」聚會，且通常是利用午飯時間邀集各種不同產業的工會積極分子聚會，企圖讓南部工運可以串成一氣，儘管最後功敗垂成，但「小南便當幫」的這群人卻一一回到各自工會，展開不同的工運人生。

當中，「小南便當幫」中有位優秀且出身某國營大工會的幹部L。由於，此國營事業跟海軍有著千絲萬縷的關係，且從小在海軍眷村長大的L，理所當然地跟眷村中廣布的情治人員鄰居與玩伴有著密切的互動關係。由於，國民黨在中國是敗於農村的農民與上海的工運，記取教訓的國民黨，其情治單位總是密切監控著工運的最新動向。於是，L在這當

---

❸ 出自於社會運動家蔡建仁口述訪問，陳奕齊收集，2007.04.01。

中就扮演著一種中間夾心人的灰色角色，並在與情治朋友的聊天中，透露一些無傷大雅的「料」給情治人員，以及從跟身為情治人員的鄰居玩伴中互動「搏染」中，讓情治人員回去傳話而獲得鎮壓性暴力的諒解，以尋求保護「小南便當幫」等工運和工會伙伴，企圖讓工運不至於因為國民黨政府的狀況外，基於懼怕與心虛而對此一新生的工運使出毀滅性的鎮壓手段。

高雄市中華路「小南便當店」早已走入歷史而不復見。此乃是高雄市其它間的小南便當店(著者攝)。

後來，L這種灰色夾心人的身分，在某次激烈的工會幹部競選場合上被同事抖出，從此招致L在工會難以再獲得信任。情治線人的兩面關係以及複雜性，在L所經歷的個人歷史上表露無遺[4]。當然，工運路上也就從此失卻了L這位好手。

台灣由於解嚴以來社會迅速轉變，同時台灣是在李登輝手上進行所謂「民主化」的一系列工程，讓東歐或者許多前威權或軍人獨裁國家，在民主化後社會必然進行的「轉型正

---

❹ 出自於社會運動家蔡建仁口述訪問，陳奕齊收集，2007.04.01。

義」（transitional justice），無法進行對於過去歷史的清算整理，以建立新的價值判準。是故，黨、政、軍、警、特的黨國體制，儘管在民主化後以改頭換面的方式以爲改革，但台灣社會卻是用遺忘，而非攤開並直視面對種種灰色/晦澀的歷史足跡，讓許多敏感的歷史過往無法被公眾進行解讀與評判。於是，1980年代台灣工運的歷史中，類似《色・戒》中的情治人員跟工運的關係，也就難以出土見光。

■愛拚才會贏?!

當時，在台塑南亞工人顏坤泉，驚天一舉地將「花瓶工會」內造爲相對自主的工會時，《愛拚才會贏》這首歌也開始在台灣社會紅紅火火地在大街小巷流行起來。然而，事實上《愛拚才會贏》的出現並走紅，是台灣大資本家對1980年代台灣社會中，工人與百姓情緒普遍躁動、內心渴望出路的心情蠢蠢欲動，因而造成工廠生產秩序混亂的一種「意識型態」上的馴化武器。

這首由葉啓田於1988年唱紅，且流傳於世界華人圈的歌曲，相當程度反應了台灣甚至全世界華人的拚搏性格與精神。「三分天注定，七分靠打拚」的哲學，不僅可以在曾經引領台灣暢旺出口的經濟領域中發現，政治領域上亦是如此。

因此，不用訝異《愛拚才會贏》火紅問世後，亦一併成了台灣政客競選場合，以及與基層交陪「搏染」的政治例行公事中的基本配備一般。戒嚴法鬆動前夕，如雨後春筍般到處滋生的自力救濟運動的台灣社會，更是愛拚才會贏的最具象表現。至今，發生醫療糾紛，動輒抬棺抗議灑冥紙；遇到天候或莫名因素，飛機得停駛或重大延誤，則霸機要求賠償；遭受工廠排汙漏毒氣，便圍廠要求回饋金等等。匆匆二十年來的光景，愛拚才會贏的自力救濟，在台灣社會各角落仍舊是俯拾皆是地輪番上演著。

20年的光陰過去，一種從原初國家機器失能與失職中溢出的自力救濟，並沒有轉換成一種擬似公約的共識解決架構和制度。信用關係依舊處於裂解中，彼此的勾心鬥角仍持續在台面下拉扯著。於是，類似那種從20年前走來如一日的抬棺抗議戲碼和激情演出，就都會每隔一段時間就會透由新聞映入眼簾。事實上，「愛拚才會贏」可以是激進，亦可以是反動，如同台灣社會學學者趙剛那句「端看用甚麼樣的胃去消化它」一樣；但是，如果「愛拚才會贏」仍舊停留在生物性本能的反應層次上，反動或保守的成色，則可能大大蓋過其應該有的激進成分。

從《愛拚才會贏》這首歌的發展和流行歷史看來，其實歌曲本身不是中立的，而是保守與激進的胃納彼此拉扯的拔河戰。1987年5月27日，號稱台灣「經營之神」的王永慶偕同其善歌的姊妹一同召開記者會，鼓吹提倡國人誦唱優美的創作歌謠，特別舉辦第一名獎金十萬元的「徵選歌詞歌曲活動」。記者會上，王董指出：「台灣生活富裕、教育普及，經濟發展到顛峰之際，益懷念當年勤儉樸實創業的歲月，希

望能透過有心人的筆，創作能洗滌塵慮、淨化心房的歌詞、歌曲，傳唱於社會各角落。」❺

之後，由陳百潭填詞作曲的《愛拚才會贏》入選，並由1948年出生於嘉義太保鄉，且於1968年參加台北區民營廣播電台舉辦的，全省台語歌星選拔中脫穎而出榮獲「寶島歌王」頭銜的葉啓田，在1988年發行的專輯中主唱❻。爾後，此歌曲紅透半邊天，不僅在中國閩南地區傳唱，更在香港亞洲電視台1990年代末的《我來自潮洲》的戲劇中，被改編爲《勝利雙手創》的主題曲。隨著中國經濟改革開放的浪潮，經由KTV的傳播，《愛拚才會贏》便被帶向中國大江南北各角落，使得中國的福建閩南人以此歌曲宛如其「國歌」般加以標榜。更有甚者，1999年仍然擔任立委的葉啓田（葉憲修），據說曾經因此歌紅遍中國而在立院休會期間受邀到中國去辦巡迴演唱會。但是，此一原本以「和平」作爲演唱會的主軸設計，在中國政府刻意在「和平」後頭加上「統一」兩字，並讓演唱會沾染高度政治色彩時，便不了了之❼。

至於，一般人對於此首歌曲流行的背景，通常只提到1987年解嚴、社運跟自力救濟風起雲湧，台灣社會各角落感染解嚴的活力等等，讓《愛拚才會贏》深受各行各業之歡迎。其實，這些都只是社會靜態的描述，碰觸不到眞正的核

❺〈王永慶提倡唱好歌・舉辦歌詞歌曲徵選活動〉，《聯合報》，1987.05.28，第九版。

❻〈半年裡立委落選負債逾億妻離子散・葉啓田有嘆息不認輸〉，《民生報》，1996.06.27，第三十三版。

❼〈《愛拚才會贏》紅到大陸・立院休會葉啓田再試啼聲〉，《聯合報》，1999.06.30，第二十六版。

心。

事實上，1980年代的台灣，一方面島內資本家在國際上更廉價勞工的追擊下，資本開始覬覦原本屬於國民黨政府規管的各種經濟活動領域，企圖爲資本從製造業轉進服務領域作鋪路；另一方面，國民黨政府亦樂於將此些領域鬆綁給資本家進駐寄生，以作爲緩解轉嫁島內資本和社會在政治上欲求不滿的聲音與能量，使得當年資本從所謂「夕陽產業」，要嘛轉進正式投機部門的股票、房地產，或者電子資訊產業，否則就只能被迫西進或南向轉移投資陣地。至於，非正式的投機管道，則以大家樂跟六合彩的形式，吸收著充斥於民間的游資。再加上，原本在政治高壓下被噤聲抑制的各種社會不滿和矛盾，隨著社會束縛的鬆動而逐漸表面化和對立化，從早期自力救濟到有組織串連，和所謂「外力介入」爲表現的工運、環運、婦運、原運、同運等等，在在讓當年台灣社會猶如「脫韁野馬」般，有著沛然莫之能禦往前暴衝的能量。

於是，安分守己的順服工人在此種社會條件下，整個心思不是掛注於經濟上的投機風潮，則是在政治與自身權利意識上，放在要求勞工應得的加班、年終或勞基法的相關一切法定福利保障。在1960年代工業化，到1970年代的「黑手變頭家」的意識型態下的黑手離廠創業騷動，所帶來的是遍地中小企業蓬發的景象，對於大型資本而言，此乃是相對利多；畢竟，生產外包體系下，最得利的仍當屬佔據生產鍊上的中、上游大型私營與國營資本。然而，對比起1980年代的這場基層工人的不安於室的騷動，對於資本家來說，只有百害而無一利。因此，當政治高壓規訓工人的手段的消解並以解嚴作爲表現時，帶進意識型態的控管和麻痺工人，則成了新環境下的必然風景。

《愛拚才會贏》便如此雀屏中選，成了王董主推的好歌好曲，並向工人告誡傳達著，生來當工人是「三分的天注定」，透由努力幹工人的「七分靠打拚」，仍會有出頭天的可能；於是，一種「憶當下苦，思未來甜」的意識型態，即被巧妙地打造出來，並發揮著抑制減緩，當年工人在政治上與經濟上不安於室的騷動情緒的功能。

由此觀之，《愛拚才會贏》的流傳，是以保守反動的姿態現身的。同年，已逝歌手張雨生的成名國語歌曲《我的未來不是夢》也同步流行，間接地說明著意識型態的手段，已然取代政治威權的控管，成爲後戒嚴時期對人民腦袋的直接和主要的規束方式。當然，這同時也意味著資本主義在台灣社會肌理中的蔓延廣度與鑲嵌深度，到1980年代已有從量變到質變的轉化趨勢。

當然，《愛拚才會贏》的意識型態意義與詮釋，是被各方搶奪而非單方面給定的。於是，在1980年代末期台灣工運擅揚期中，工運外力前輩蔡建仁遂將《愛拚才會贏》帶進工人抗議的場合中傳唱，而進一步激進化其原本保守的面貌和初衷。之後，一系列熱鬧的選舉活動中，政客又進一步拿來成爲政客入門招牌歌，《愛拚才會贏》的意義就在不同脈絡中被爭奪著與賦予意義。此後，《愛拚才會贏》成爲不同階級、目的與場合等等，各自最愛傳唱的歌曲之一。於是，《愛拚才會贏》這首開始於台灣1980年代社會的騷動期傳唱且看似中立的歌曲，背後亦就有著工人與資本家在意識型態上鬥爭拉扯的痕跡，並已深深地鑲嵌在1980年代台灣社會那段「鉅變」（Great Transformation）期的歷史地景之中！

■工人運動vs. 武裝革命

從蔣介石到蔣經國父子的威權獨裁年代中，台灣島內儘管工運被壓制且在戒嚴法下任何的罷工或者工人抗議，都可能受到戒嚴體制下的軍法審判，但是滯留海外的台灣留學生，除了參與當前檯面上許多右傾台獨之外，也有一些高舉著階級跟民族解放的理論旗幟，甚至鼓吹類似第三世界民族階級解放鬥爭的武裝抗爭路線。他們當中的一些人更也跟島內的同志，從事著當前被定調爲「恐怖主義」（terrorism）的武裝破壞[8]。

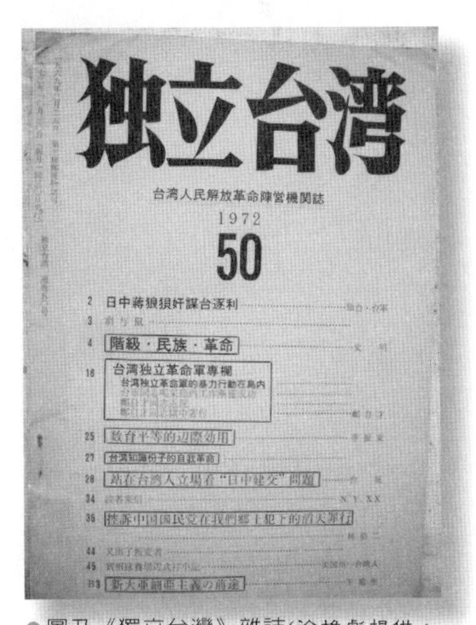

●圖乃《獨立台灣》雜誌(涂雄彪提供，著者翻攝)。

❽〈台軍同志喝采・島內工作漸獲成功〉，〔台灣獨立革命軍專欄〕，《獨立台灣》第50期，1972.10，頁17。

New York Post

FINAL
7
RACES

Fire Shot At Chiang's Son Here

ON THE INSIDE

The Formosan Candidates?

●《紐約時報》對黃鄭二人刺蔣的報導(著者翻攝)。

台灣海外留學生以武力反擊蔣家在台灣的獨裁統治，以1970年4月24日，海外台獨留學生黃文雄和鄭自才在紐約市試圖刺殺刻正（正在）美國訪問的行政院副院長蔣經國爲最受矚目之事件。

由於台灣政治光譜的兩極分化極度嚴重之故，黃鄭二人刺殺小蔣的歷史事件，不論政治立場是泛藍或泛綠者，全被限縮至台獨留學生爲反蔣家威權的驚天一舉。事實上，激起黃鄭二人的刺蔣行動，不僅是希望台灣從蔣氏獨裁下獲得獨立自主的地位，同時亦是他們對於台灣社會下受盡剝削的小民們，一種具有素樸的社會主義的關懷和追求的表現。

1970年，美方對蔣經國到美訪問的高規格重視，乃是當時美國尼克森政府在準備情挑對岸中共的情勢下，給小蔣的安撫禮物。於1960年代抵達美國留學的黃鄭二人，受到1960年代，美國大學捲惹起大規模的反戰、民權和反體制的文化運動的洗禮，因此自是沾染著對關懷社會弱勢，和批判社會不正義的強烈素樸情懷。根據2003年12月，吳三連基金會主辦的「自覺與認同」研討會，黃文雄發表了一篇〈424刺蔣事件的回顧與反思〉論文中提及：「每每有人謬讚我的刺蔣勇氣時，我的回答是：『當那麼多國家的朋友組織起來，上了街頭，有人甚至回國打游擊，刺蔣在當時的感覺，其實並不那麼特殊。』」比較了解「六〇年代」的人，應該會相信這段話並不純粹是謙虛之辭[9]。

至於，鄭自才更是隸屬於一個名爲「台灣獨立革命軍」的小團體，並時常在以史明爲主要推手發行的《獨立台灣》刊物上，有一個專屬的「台灣獨立革命軍專欄」上發表文章。自從刺蔣案後，鄭自才轉進瑞典尋求政治庇護，後來輾轉流落倫敦監獄，之後遂被引渡回送美國坐監，此段時間鄭自才發表的文章皆帶有濃厚的工人和社會關懷。從當時鄭自才所發表，對台灣加工區的女工跟童工問題進行探討的文章中，均可讀出鄭本人對台灣底層工人的深沈關懷之情[10]。

●「台灣獨立革命軍」的標誌(涂雄彪提供，著者翻攝)。

此外，鄭自才流落倫敦和美國的獄中之時，也曾發表多篇短劇劇本，裡頭的人物清一色以受盡剝削壓迫的底層工人和農民爲主。例如，〈二九晚〉中的雲林農家作父親的

---

[9] 黃文雄，〈424刺蔣事件的回顧與反思〉，《自覺與認同：1950~1990海外台灣人運動專輯》，吳三連史料基金會出版，2005。

[10] 鄭自才，〈今日台灣的童工與工人〉，《獨立台灣》第48期，1972.08，頁32-34。

●黃文雄身陷囹圄之時，親筆寫下的重要書件(著者翻攝)。

農民、鄉公所傳達員的長子、都市中從事妓女行業的二女、三男和么兒則分別是15歲的工廠童工和13歲的失學小童[11]；〈生與死之間〉裡頭則是礦工長男、木工老二、在「鴨死的」（RCA）擔任女工的三女等[12]；而在一個獻給另一位刺蔣伙伴，同時也身爲其「舅仔」的黃文雄同志的劇本〈三代〉中，同樣亦是以佃農小孩在美國的故事爲梗概經緯[13]。

鄭自才素樸的社會關懷，在他發表在《獨立台灣》的

[11] 鄭自才，〈二九晚〉，《獨立台灣》第51期，1972.11，頁41-46。
[12] 鄭自才，〈生與死之間〉，《獨立台灣》第50期，1972.10，頁20-24。
[13] 鄭自才，〈三代〉，《獨立台灣》第52期，1972.12，頁30-34。

台湾独立革命軍「募槍運動」

"一人一月一元"

同鄉們起来吧！　大家的支援就是参加島内鬪争的具体表現！

要台湾人自由，民主，則台湾人要流血，才能摧毀蔣帮的殖民恐怖統治，也因此才能引起全世界人民的關懐和支援。

蔣帮被逐出聯合国後，全体海内外同胞的独立意識巳由局部而至全面，消極而至積極。台湾独立革命軍也将由地下組織転入游擊戦斗的新局面，島内武装革命的志士們将要展開一場爭生存，爭自由的斗爭。我們很興奮地通告，我們已陸続地順利送入一批軍火，人員和資金支援日益整備的台湾独立革命軍。

我們海外聯絡処為継続響応支援這股日益強大的島内力量，毅然発起全球性的「倒蔣建台募槍運動」。没有槍，就没有台湾独立，為了台湾独立，我們需要有槍和各種有効的武器。我們号召所有関心台湾人民命運的同胞起来響応「倒蔣建台募槍運動」，一家捐一支槍或兩三人合起来捐一支，我們会很安全地送到島内革命志士手中。

盼望我全体同胞能響応這個運動，讓島内有決心滅蔣的革命同志都能人々都有武器来展開神聖的革命行動。講独立必須要革命，講革命必須要行動，要行動，必須要有武器。

各位同胞，請熱烈響応「倒蔣建台募槍運動」，不管金額的大小，請把現金，支票或moneyorder 寄到

T. I. R. A. P. O. Box34654 L. A., CALIF. 90034, U. S. A.　　或T. I. R. A. 日本東京都豊島郵便局私書箱112号　　或転交各処「独立台湾会」及其連絡処代収。

敬愛的台湾独立革命軍：附寄US$5, 00以響応"独立台湾"四十期所登的"台湾独立革命軍「募槍運動」"（一人一月一元）。希望您們拡大「募槍運動」，相信会獲得同鄉熱烈的響応的。尤其是在目前国際局勢之下，相信有許多同鄉已経從猶疑中覚醒。

我建議您們多印些伝単，上面説明募槍運動的意義，匯款方法（尽量列挙各種不同的方式，如果有人不願出示姓名，那請指出不具名，匯款方法，欧洲似乎不能像美国那様購買 money order），及各地収款的地址（如独立台湾第四十期封底面那様），透過一切台湾自救運動团体（包括各地同鄉会），分発到每一位同鄉手裡，相信一定能獲得熱烈響応。

敬祝　成功

寄自欧洲
1971年1月4日

謝々您非常熱烈的関懐和支援，所指教的很多好弁法，我們一定立刻加以研究後逐一付諸実行——L. A. 連絡処負責人

●「台灣獨立革命軍」所發起的，「一人一月一元」的「倒蔣建台募槍運動」(涂雄彪提供，著者翻攝)。

文章中表露無遺。同時，以「台灣獨立革命軍」第四區負責人自居的鄭自才，也在1972年5月30日出刊的《獨立台灣》第45期刊物上，發表一篇名爲：「當前台灣革命的三大方針與三條路線中，明白指出三條路線分別是：『1.島內武裝鬥爭；2.農工貧苦大眾路線；3.三不合作。』[14]」

同時，「台灣獨立革命軍」更發起一個「一人一月一元」的「倒蔣建台募槍運動」，將軍火、人員與資金轉送島內，進行武裝革命和破壞。此種「一人一月一元」的「三一建台運動」，跟陳誠在1961年發動的「一人一天儲蓄一元」的「三一儲蓄運動」，似乎成了有趣的對比[15]。或許，今日的台灣人對於「台灣獨立革命軍」此種論調主張，會興起幼稚可笑與不屑或排拒的心理，但是，果若將歷史心情與焦距置放在深受1960年代，世界各地反抗和革命烽火處處燒的世界中，從事武裝游擊，似乎是當時第三世界國家推翻獨裁政權的主要作法時，或許對於「武裝革命」

---

[14] 鄭自才，〈當前台灣革命的三大方針與三條路線〉，《獨立台灣》第45期，1972.05，頁14-17。

[15] 關於「三一儲蓄運動」，請參見《國民黨治台片斷考》一書第五章，陳奕齊著，前衛出版。

的心情理解，就可能不是幼稚可笑的恐怖主義分子，而是某種「浪漫主義」式的時代精神的體現。此外，若攤開當時世界歷史地圖的卷軸，這廂是人民發動的拉丁美洲游擊戰，那廂則是美國攻打越戰並隨後引發人民反戰等等大事件，於是，某種革命的氛圍似乎在全球蔓延騷動著，革命的想望便宛如是當時候的「政治正確」一般，不斷地鼓舞著年輕人的沸騰熱血。

當然，受到1989年開始的「蘇東坡」（前蘇聯、東歐和波蘭）等前共產集團的瓦解，冷戰退潮解凍，以世界爲範圍尺度的社會出路僅餘資本主義的想像，如同柴契爾夫人所言：「別無選擇。」（There is no alternative.）一樣，讓深受中國國民黨長期反共教育餵養和白色恐怖肆虐洗腦下的台灣人民，失卻了對另類社會的想像可能；同時，2001年911事件發生後，恐怖主義（terrorism）和恐怖分子形象，被刻板化爲賓拉登等伊斯蘭基本教義派的形象，並在美國和媒體的宣傳渲染下，讓吾人對於「恐怖主義」多所排拒。事實上，許多當今第三世界國家的獨立跟解放，包括中國，都是所謂武裝游擊革命的「恐怖分子」所帶來的。這即是魯迅所言，「成王坐寇，流亡敗寇」的差別罷了。因此，幾年前楊儒門此一白米炸彈客，在台灣保守性格根深柢固的社會中，鮮少獲得主流的關心跟認同，於是，楊儒門行爲背後亟欲反應的「三農問題」——農業、農村與農民問題，也就難以攫獲台灣社會與常民的深入關注和探討。

「台灣獨立革命軍」除了在海外阿Q式和聊以自慰般的

叫囂武裝游擊革命外，事實上，此一革命軍的同志的確在台灣島內從事了一連串的暴力破壞行動，希冀以此撼動蔣家統治下不動如山的靜態社會，以激起一些漣漪。

根據，「台灣獨立革命軍」發表的〈台灣獨立革命軍的暴力行動在島內〉一文指出：「論革命是先破壞後建設。破壞對象分成三大原則：1.破壞統治者的軍需財力；2.破壞買辦特權階級者工廠財物；3.破壞社會公安系統。」[16] 從1971年開始，「台灣獨立革命軍」即在台灣開始從事一些小型的武裝破壞行動。1972年7月12日清晨，縱貫線鐵路樹林站附近彎道，有一滿載蔣家軍需品和一大部分廠商貨物的606次號貨車傾覆，即是此

中國時報 8/20

南下貨車出軌傾覆！

樹林站外忽生意外、車廂碰毀兩邊鐵軌

暫時維持單線通車、工作人員漏夜搶修

肇事原因很多 疑係車廂陳舊

昨天上午一列南下貨車，在樹林站外出軌，車廂翻落稻田

●報紙上對革命軍武裝破壞成果的報導(涂雄彪提供，著者翻攝)。

台湾独立革命軍專欄

台湾独立革命軍島内行動

●「台灣獨立革命軍」在台灣島內的破壞活動成果(涂雄彪提供，著者翻攝)。

[16]〈台灣獨立革命軍的暴力行動在島內〉，《獨立台灣》第50期，1972.10，頁16-17。

一獨立革命軍在島內地下同志所爲。當然，破壞之前附近便會出現革命軍的傳單和「建台倒蔣」的標誌。由於事涉敏感，國民黨當局不一定會允許報章披露報導。後來，1972年8月19日，革命軍又對1123次臨時貨物列車傾覆成功，而此次的破壞事件，《中國時報》和《聯合報》則於翌日報章上圖文並茂地報導。

1972年9月2日，台北市忠孝西路公路局西站的車輛檢修保養廠和鐵路局餐旅庫房，莫名地冒出無名大火，這可能也是此一革命軍的傑作之一。事實上，1972年發生多起工廠大火，若按照革命軍的破壞三大原則中的第二項——破壞買辦特權階級者工廠財物。看來，當年有些工廠火災，或許是由革命軍刻意爲之也說不定。

當然，此些島內破壞活動，還是難以引起大規模的社會騷動，而逐漸被當成一般治安事件，跟革命軍的自我宣稱和期待的相距甚遠。不過，1970年代刺蔣事件發生後，據說刺激了蔣經國接下來的「吹台青」政策，開始吸收本省籍有爲青年進駐國民黨體制內，同時也埋下了台灣社會改革運動以「選舉運動」作爲主要表現的因子。此些影響，在在都是台灣社會中激越的恐怖行動，和激進的意識型態被邊緣化的主要背景。因此，從海外進口到島內的鼓動工農武裝革命的行動，以解決工人受壓迫的策略方案，終究在台灣社會不成主要氣候而逐漸被歷史徹底遺忘。

姑且不論，此些由海外留學生主張追求的武裝革命，以讓台灣受剝削的工農可以從蔣家及其統治階級中解放的

THE GLOBE AND MAIL, FRIDAY, OCT. 29, 1971 7

Can the people of Taiwan decide their own future?

By MING-MIN PENG

[illegible]

A new myth

[illegible]

by more than two million continental Chinese now also cut off for more than 20 years from the experience of the new China, all the people in Taiwan now have no more connection to China than Americans have to Britain. Moreover, Taiwan's legal status has been undetermined since 1945.

Furthermore, China's emotional claims to Taiwan have nothing to do with its sovereignty and territorial integrity. Early in this century, when China was struggling to attain full sovereignty, Taiwan was never an issue. Mao Tse-tung himself, drawing an analogy with Korea, expressed his readiness to support an independent Taiwan. It was only after 1949, when the exiled Nationalists used the island as a base for aggression against China, that Peking's attitude toward Taiwan became belligerent.

Five basic points

Certain basic points must be kept in mind in seeking a solution to the Taiwan problem. First, the United States cannot maintain its military presence in Taiwan permanently. Second, China cannot simply annex Taiwan. Third, the Nationalists cannot maintain their rule in Taiwan on such an absurd basis. Fourth, the people of Taiwan cannot live in a state of hostility with China. Fifth, the unique history and identity of the people on Taiwan cannot be disregarded, nor their aspiration to decide their own destiny denied.

Many Chinese in the United States still insist that Taiwan must be a part of China, which in fact means rule either by the Peking or the Taipei Government. Yet they themselves have chosen to live under neither Chinese regime and have never considered Taiwan to be their homeland.

The Chinese must learn to distinguish ethnic origin and culture from politics and law and to discard their archaic obsession to claim anyone of Chinese ancestry as legally Chinese, however far removed from China.

Must end attacks

They must stop vilifying as traitors those who desire self-determination and understand that one can be proud of his Chinese heritage and still choose not to be subject to government by China.

The real issue is not independence for Taiwan but self-determination for the people there. And the Taiwan people want to live in the most friendly association with the Chinese people and would spare no effort to establish the closest economic, commercial, cultural and even political ties with China.

Any settlement of the sovereignty over Taiwan must come through peaceful negotiations in which the people of Taiwan are fully and effectively represented. No one from outside may dictate to Taiwanese to whom they should belong. Neither Peking nor Washington can speak for them.

The present regime in Taipei never has spoken legitimately for the majority on Taiwan. It cannot do so unless it undergoes a basic structural change and the Taiwan majority is represented effectively at every level.

Schoolgirls and farmer on Taiwan. The real issue is not independence for the island but self-determination for the people.

●彭明敏於1971年10月29日在加拿大“The Global and Mail”報紙上的投書(著者翻攝)。

想法，是否太過幼稚與不切實際，但這些行動的的確確是當年許多海外知識分子，對台灣社會解放的誠摯爛漫的理想追求，並且用具體的行動投下青春與生命。

■小結

值此台灣工運低迷且「武器的批判」鏽蝕不堪之際，吾人應該趁此機會重鑄這「批判的武器」，重新書寫屬於工人的歷史及據此展開的社會觀與世界觀，建立屬於工人的歷史及其讀解方式。或許，這是台灣階級意識與工人教育最重要的基礎工作呢！

2007.10.16，荷蘭萊頓

誠徵女作業員
重寫一段女工的聯誼故事

■來去聯誼抽鑰匙

聯誼，是許多高中、大專男女學生必修的學分。當然，機車郊遊更是聯誼中最常展演的儀式。尤其，騎著機車載個「七仔」（女朋友）壓馬路，對許多情竇初開的少男少女而言，可說是最羨煞同儕的表現。於是，機車郊遊的聯誼，宛如台灣青少年的成年禮般，是成長的必由之路。一旦說到機車郊遊的聯誼，許多人記憶深刻的乃是一群年輕男女初見面之時，誰搭誰的摩托車、愛國機車男與恐龍妹花落誰家等，便是接下來的重頭戲。於是，一種有著俄羅斯輪盤驚心動魄的「抽鑰匙」遊戲，便決定了爾後關於那次聯誼的記憶深刻度。這是一齣關於青少年的記事，而且持續不墜地繼續在校園流傳著。

現在報紙的校園娛樂版面一端，偶還會出現如何把妹聯誼成功的新聞小花絮，教導著青年學子們如何利用鑰匙圈吸引美女的注意，讓聯誼有個好的開始。於是：「……登登登登，最緊張的時刻來臨，爲了增加美女命中率，鑰匙圈最好能先經過精密的設計：不要太美觀醒目，像是『鐵達尼號』海洋之心鑽石鑰匙圈；但也不要太樸素，只有一個鐵圈。經驗法則指出，美麗鑰匙圈通常會被多話聒噪的女生拿走，而太樸素的鑰匙圈有可能被太內向的女生選走。而女生也要注意，太蠢太笨諸如蠟筆小新的鑰匙圈，可能代表這個男生前女友的喜好；太樸素的鑰匙圈的男生可能對於花錢一毛不拔，也有可能是住在深山裡面，一直到最近考到大學才下山，不久前才知道現在的總統不是蔣總統……，總之要愼選啊！」❶

然而，就在30年前，此種首先從工廠男女工圈子開始出現蔓延，並往校園聯誼發展拓染的「抽鑰匙配對」的遊戲和聯誼，卻被視爲是傷風敗俗的敗德遊戲和交往，某種對男女工抽鑰匙聯誼遊戲的性道德恐慌症，遂開始在報章評論中出現。此外，除了用「性氾濫」將此聯誼的進行開展形式加以妖魔化之外，同時，各界有志之士的大人們，還拿一種馬爾薩斯式的人口失控恐慌與斲喪經濟成長掛鉤的論述，將之視爲是「節育政策」的大缺口，並將招致社會問題等論述說法，嚴肅地在報章雜誌或議會廟堂上被討論著❷。當然，「牽手就會懷孕」的兩性教育年代中，此些衛道保守之言實

❶ 史萊姆，〈青春Pasta前進校園紀實錄．黑白配，男生女生怎麼配？〉，《自由時報》，2004.10.23。

❷ 有記者在撰寫新聞分析時，更明言指出：「人口學家馬爾薩斯曾鄭重警告：『性的亂來（Promiscuity）將嚴重損傷人類的尊嚴。』」此種道德語氣的呼籲，並把女工當成好奇與年幼無知的看法，相較起直接扣上工廠女工性氾濫的惡質指控，都已算是進步的了。參見習賢德，〔新聞分析〕，〈勞工的休閒活動值得重視〉，《聯合報》，1980.08.11，第二版。

是不足爲奇。

■古早、古早以前……

據說，故事的傳頌起源是台南新營地區，某個記者以一種發現珍禽異獸般的驚奇口吻報導著一則馬路消息：「台南縣工廠地區，成千上萬的女性作業員，到了適婚年齡，卻沒適當的人介紹對象，於是就出現用機車鑰匙『配』男友的『自行解決』方法。」一夥男女相同的人數到郊外集合，男孩把他的機車鑰匙丟在地上，女孩撿到誰的，誰就是她當天的男伴，據報導他們有玩了一天就分手的，也有情投意合，進而戀愛結婚的。之後，兩性專欄作家更明白地針對此種，她們眼中所謂的一日速食配對與愛情，訴說著她們的憂慮，同時，兩性專家更認爲，隨著台灣工業化步伐快速往前邁進過程中，這種滿是女性作業員的情形，實是應當被正視的社會問題[3]。

「女工」本身被中產階級出身的兩性專家當成社會問題，正說明「女性」從家庭的控制範疇逸出之後，擁有伴隨著工資收入而來的新穎，與某種程度的自主社會身分和身體自主權，在在反應了不同階級女性間的矛盾。誠如，艾琳達早年參與台灣女工研究時即指出：「社會道德觀念完全否定了女人有性需求，而那些擺脫以性（童貞）來交換婚姻的婦

---

❸ 薇薇夫人，〔薇薇夫人專欄〕，〈鑰匙媒人〉，《聯合報》，1977.09.12，第九版。

女，總是激怒了那些想要高價出售性（童貞）來換取婚姻和一輩子依賴的婦女，以至於婦女相互強化了她們身上的枷鎖。這些不同階級背景的女性互相想贏過對方的行爲，或對一些所謂不良行爲的汙衊，其實是台灣政治經濟情況在文化層面上的一種間接性的表現。」❹

此種抽鑰匙配對的聯誼遊戲出現之後，社會新聞的篇幅角落不時也會出現：「抽鑰匙配對出遊摔死玩伴．少女魂已歸九泉男的仍未識芳名」，或者「配對出遊少女貌平平．竟遭男伴遺棄荒郊中」之類的報導❺。

直至作爲龍年的1976年，比起1975年多出生了5萬多名嬰兒，開始有些官員或學者等，譬如台灣省家庭計畫研究所即出面說明，「未成熟少女」所生的嬰兒佔了9%強，用一種間接方式來歸咎年輕工廠女工的未婚生子，乃家庭計畫重大缺口一般❻。於是，抽鑰匙的配對，遂成了上層階級與有權勢之成人（官員、記者與作家），捕風捉影下的替罪羊一般，並被莫名地炮製誇大成一種性氾濫的「鑰匙俱樂部」云云❼，此種用性敗德來加以汙名指控的手法，跟當時同樣深受汙名化爲性亂來的鴨蛋教（一貫道）如出一轍。

這種對於「抽鑰匙配對」出遊的性恐慌症候，也出現在

---

❹ 艾琳達，〈台灣女工生命史〉，收錄於《激盪！台灣反對運動總批判》，台北：前衛出版，1997，pp. 291-347。

❺ 嶺月，〔和風集〕，〈關愛工廠作業員〉，《聯合報》，1978.10.11，第九版。

❻ 孫得雄，〈去年出生率回升之檢討〉，《聯合報》，1977.09.25，第三版。

❼ 王秀美，〔凹凸鏡〕，〈性教育也是一種人力投資〉，《經濟日報》，1990.04.18，第三十一版；愛亞，〈靜止的青春．他們心裡的話〉，《聯合報》，1981.05.01，第十二版。

以駭人聽聞的1979年黑心米糠油所導致的，多氯聯苯事件爲背景的創作小說中。吳念眞就曾在其《黑嬰傳奇——多氯聯苯事件》[8]中，將因多氯聯苯中毒，導致男女主角身體與生殖器布滿氯瘡並持續排膿糜爛，被外界當作是國際梅毒發病使然，令致旁人皆以一種曖昧的笑容和猥褻的語氣窺刺性問著：「……『在加工區工作很爽吧？』然後緊接著便是一陣禽獸般的笑聲，各種『鑰匙俱樂部』、『裸體舞會』、『奶罩三角褲俱樂部』，更是源源不絕繪影繪形地在他們的口中流傳著，而且最後總沒忘了阿憲，朝他眨眨眼睛皮笑肉不笑地問：『你一定參加過?!很爽很爽哦?!……』」[9]

設若，小說裡頭的場景乃時代潛藏共識的再現，那麼加工區女工、抽鑰匙配對就成了性氾濫的溫床，梅毒與淋病被當成加工區的加工副產品般，以作爲含沙射影的妖魔化汙衊亦就不足爲奇。爲此，省議員林漢周亦在1980年10月29日在省議會提出質詢說：「……工廠裡未成年男女工人間

---

❽ 1979年，彰化油脂工廠在米糠油加工除色、除臭的過程中，使用多氯聯苯（PCBs）爲熱媒，其加熱管線因熱脹冷縮而產生裂縫，致使多氯聯苯從管線中滲漏出來而汙染到米糠油。此汙染米糠油造成彰化、苗栗、台中地區，包括惠明學校師生在內，2,000多位食用該廠米糠油的民眾受到多氯聯苯汙染毒害，身心皆受到極大創傷。由於惠明學校是一所提供盲生免費教育的寄宿學校，全校師生200多人，三餐幾乎都由校方供應，故成爲多氯聯苯汙染事件的最大受害團體。之後，消費者保護基金會遂在背景下被催生成立。此外，由於孕婦因多氯聯苯中毒，使嬰兒透過胎盤受到多氯聯苯影響，以致胎兒出生時皮膚深棕色素沈著，全身黏膜黑色素沈著，發育較慢，很像一瓶可口可樂，故以「可樂兒」稱之。這是吳念眞《黑嬰傳奇》此短篇小說的由來。一旦多氯聯苯中毒，毒素難以排除體外，2004年9月17日，民視更亦曾報導過多氯聯苯中毒甚至傳給第三代的事件。在多氯聯苯事件三十週年之際，前公視紀錄片導演蔡崇隆也攝製《油症——與毒共存》的紀錄片，將此些油症受害者的往後眞實的生命遭遇攤開在國人眼前。

❾ 吳念眞，〈黑嬰傳奇（下）〉，《聯合報》，1980.01.27，第八版。

的不正常交往，製造了過多的『非法定娃娃』，沖毀了家庭計畫的堤防……，」緊接著又說：「……根據台灣省家庭計畫調查報告，去年一年間，十五至十九歲未成年男女工人，『非法定』的製造了三萬六千多個小娃娃，在總人口成長率千分之十七中，他們佔了一點二以上，工廠無法有效約束工人下班後的活動，再加上社會不良風氣的影響，工廠工人於下班後，流行『鑰匙會』、『手帕會』、『蒙面會』、『摸摸會』等活動，結果造成了無數的未婚媽媽。許多未婚媽媽把非法定娃娃生下來後，甚至不知娃娃的父親是誰……」云云[10]。

至此，記者開始以「雜交」（promiscuity）或「亂愛」來形容她們，並以「工業副產品」的角度視之，女工本身成了社會問題，或者女工的性自主權或公餘時間的支配，遂成了社會應該重視且矯治的社會問題之一。誠如，當1992年「就業服務法」通過之時，集中在3D（髒、難、險：dirty、demanded、dangerous）行業的「外勞」開始現身台灣，彼時，即有勞工研究相關學者指出，必須對外勞情慾進行管理，否則會成爲社會問題云云，因此，有所謂週日整車載去「集體嫖妓」之說。從中可知，台灣社會的階級歧視乃是相當嚴重的現象。

緊接著，1980年11月28日，在台視由李烈所主持的一個探討社會問題的節目《點線面》，首集開播更以「女工的社

[10]〈性氾濫沖毀家計堤防．年輕男女工製造娃娃〉，《聯合報》，1980.10.30，第五版；〔黑白集〕，〈工業副產品〉，《聯合報》，1980.10.30，第五版。

會問題」爲頭棒討論：「『女工』的社會問題探討，包括去年一年中，十五歲至十九歲的女作業員，因缺乏性教育，竟製造了三萬六千個非法娃娃。」[11]被視爲教育背景不高、來自知識封閉鄉村的女孩，一旦離鄉背井到都市工廠裡頭變身爲女工，工資收入開始可以作爲經濟自主性的憑藉，傳統社會或家庭對於她們的控管便出現鬆動缺口，於是，社會對於她們就得開發出一種新的控管和馴化方式——一種對於鑲嵌於身體上的性與勞動力的規訓與捕捉的方式。儘管，在勞動法的定義之下，經濟上從屬性（臣屬於生產工具所有人和資本主）乃勞工身分與否的重要判準之一，但是在經濟快速飛躍的1970和1980年代，藉由對大量且穩定女性勞動力的汲取，仍是電子和紡織成衣業重要的顧慮考量。但由於，那時勞動力市場天平是往賣方市場傾斜的，女工還是在加工出口的經濟體中，獲致了一定生計維持和改善的可能。於是，重新翻覽當年那齣「抽鑰匙」的歷史風景背後，隱約地透露出某種對女工社會身分，與勞動身體規訓的階級政治與性政治（sexual politics）展演。

■生與不生，干女人屁事?!

打從1960年代伊始的人口政策與節育計畫，女性身體從來就只被當成沒有聲音的工具看待。從增產報國到食指浩繁

---

[11]〈《點線面》節目今首次播出〉，《聯合報》，1980.11.28，第九版。

的人口成長，會吃掉經濟成長因而女性被要求必須節育，女性從來只被當成「生產的工具」一般。事實上，在1960年代，台灣準備以出口導向工業化來弭平美援停手後的外匯缺口時，一種馬爾薩斯的人口學，唯恐經濟增長被人口給抵銷的恐懼，並以現代化為名的人口節育政策開始出現。當然，此一節育政策出現時，引起很大的爭辯討論[12]。

柏楊在其《濁世人間（雜文集）》裡頭，便收錄了其當年在《自立晚報》專欄中對此類爭辯的看法。文章中柏楊將1964年10月16日34會期第9次會議上，立法委員廖維藩和王夢雲反對節育的質詢稿視為是奇聞與奇文。因為，此兩枚立委，不僅搬出國父和蔣公在民生主義和育樂補述中提及的，人口增長跟國家興亡的關係，更進一步大力抨擊，在台灣推行孕前衛生節育運動的美籍博士肯尼夥同我國一二不肖之徒，在台灣省境內，推行全省生育年齡之婦女少女，皆裝置樂普節育器具，以斷絕其生育，不啻亡人國、滅人種，殊屬危害中華民族，應迅予搶救，事機緊迫云云……。

此類搬出國父蔣公的皇皇訓示大纛之說，或秉承我固有中華傳統，「不孝有三，無後為大」、「多子多孫多福氣」等說詞，以阻擋人口節育運動政策推行的聲浪，在由李國鼎籌備的一次人力資源會議上，請孫中山的兒子孫科來重新闡

⓬ 參見孫得雄、陳肇男、李棟明，〈台灣家庭計畫之轉折與政策經驗〉，《台灣經濟預測與政策》，第32卷第1期（2002.03），pp. 25-76；何凡，〔玻璃墊上〕，〈節育轉到地上〉，《聯合報》，1964.09.05，第七版；〈面對人口問題〉，《聯合報》，1959.12.16，第六版；〈本省人口壓力增加．節育問題值得重視〉，《聯合報》，1964.07.20，第二版；〈節育問題的激烈論戰〉，《聯合報》，1959.12.15，第二版。

釋國父思想之後，逐漸平息落幕。那次會議上，孫科說孫中山在1924年的確說過中國人口增加太慢，因此要增加生育以足夠人口來對付帝國主義滅絕種族的危險。但是，時代不同，一個國家的富強取決於人口素質而非量，現在最大危險乃面對赤色帝國主義，人口愈多愈窮，愈會傾向共產主義云云[13]。至於，女性在這場論辯中彷彿是缺席的主角，無人過問。

之後，由美援底下農復會在1954年資助成立的「中國家庭計畫協會」，在舒子寬領導下開始推廣相關節育知識和措施。到1959年，台灣衛生署以「孕前衛生」的旗號，在婦幼保健工作中加入家庭計畫的服務。1961年，台灣人口研究中心成立，並於1963年在台中市舉辦推行家庭計畫的實驗。1964年，台灣衛生署成立「家庭衛生委員會」，正式公開全面地推行家庭計畫[14]。

作爲美國小弟的台灣，在美國藥商把台灣當成實驗品的底下，從1964年開始安裝「樂普」（Norplant）避孕裝置，5年內有60萬婦女安裝了樂普，成了全球比例最高的國家。雖然，此種避孕裝置才開發出一年之久，不管女性身體是否有不適或副作用，還是在這種人口政策與經濟發展至上的現代化理論信仰下，一種鼓吹安裝的風潮也逐漸在台灣婦女同胞間傳開。當然，有超過50%的婦女，在一年後因身體不適而

⓭ 參閱康綠島，《李國鼎口述歷史——話說台灣經驗》，台北：卓越文化出版，1993。

⓮ 參閱李棟明，《台灣地區早期家庭計畫發展誌詳》，台中市：台灣省家庭計畫研究所，1995。

把樂普取出；可是，關於節育避孕的政策，卻已像是沛然莫之能禦的潮流向台灣各角落襲來[15]。

直至1984年，出生率的下降仍然不如預期，於是在當時蔣經國總統指示下通過優生保健法。而優生保健法中規定，「已婚婦女，經配偶同意」以及「無知少女被強姦、誘姦可以在法定監護人的同意下」都可以墮胎等等，裡頭仍然是以父權的聲音想法，來代替女性自主的意願想法和聲音。

若對照2004年之後，台灣淪爲生育率世界墊底的國家，並招致官方擔憂人口銳減的問題，而開始鼓吹多多生育，同時官員還口出「不生，是不愛台灣」之類的話看來，台灣女性從被要求節育，到再度被鼓勵生育，女性的處境和想法，從來就沒被過問和正視過。於是，家庭計畫的口號便從早年的：「一個孩子不算少，兩個孩子恰恰好，三個孩子不得了，四個孩子捻斷頭（台語）。」轉變成時下的：「兩個孩子恰恰好，三個不嫌多。」

關於女人生或不生，爭辯的焦點永遠在倫理道統、宗教、道德以及國防需要等等，但從來就都缺乏女性健康與需要，十足以男性爲中心的人口政策。倒是奇怪，女人，生或不生，干男人屁事，插嘴或插手政策的，怎都是男人呢?!

⑮〈裝置樂普．效果良好〉，《聯合報》，1965.12.05，第二版；〈婦女志願避孕免費裝樂普〉，《聯合報》，1966.12.22，第三版；〈裝置樂普婦女已逾廿四萬人〉，《聯合報》，1967.01.01，第三版；張玨，〈婦女健康權益報告書〉，台灣婦女健康權益報告書座談會，2002.11.04。

● 高雄加工出口區是台灣國際加工平台的最前沿。由國民黨的技術官僚李國鼎題字的「高雄加工出口區」，於1966年開張營運，裡頭曾載有無數台灣經濟奇蹟幕後無名英雌——台灣女工的勞動血汗。當然，目前高雄加工出口區的廠家已非早年那些勞力密集輕工業，如紡織、玩具或消費性電子，而是以科技業為主要廠商(著者攝)。

■流浪到工廠

歷史上，女工被擠壓徵召進工廠，景況通常是比男工更加惡劣。不論，兩次世界大戰，男工被徵召至前線赴死當炮灰之時，女工即被擠壓進工廠填補男工的位置，戰時狀態下的工廠作業，勞動條件普遍不佳是可預期之事。在台灣，從1960年代伊始，戰後出口導向工業化成了台灣經濟戰略主軸後，女工開始大量被徵召進工廠裡的生產線上，讓台灣尚未成為反攻復國基地前，即率先打造出一個國際加工平台在台灣。那段踏進工廠當工人的心酸與辛酸，從1960年代流行的《孤女的願望》、《媽媽請你也保重》，或者《舊皮箱流浪兒》等歌謠均可發現。

《舊皮箱流浪兒》中描寫著男工的心聲：「離開著阮故鄉，孤單來流浪，不是阮愛放蕩，有話無塊講，自從我畢業後找無頭路，父母也年老要靠阮前途，做著一個男兒應該來打拚，手提著舊皮箱，隨風來飄流，阮出外的主張，希望會成就，不管伊叨一項也是做工，為生活不驚一切的苦痛。做著一個男兒應該來打拚，看見著面頭前，已經來都市，他鄉的黃昏時，引人心悲碎，故鄉的親愛的爸爸媽媽，請您也不免掛念阮的將來，做著一個男兒應該來打拚。」至於，孤女的願望，則是女工的心聲與故事。

於是，把人從羈絆黏著的土地拔離，總是辛酸的，不論男女皆是如此，甚至，可能是一齣馬克思所言的：「血與火的過程。」就連中國這二十年來，也充斥著從農村地區到工廠打工仔、打工女的辛酸故事，並再現在流行歌曲中。譬如，曾經在1990年代中末期紅於中國沿海的流浪情歌王子陳星，每張專輯均是訴諸於那些流浪到工廠的農民工，從《流浪歌》、《打工謠》、《望故鄉》、《離家的孩子》，到《思鄉酒》與《該是回家的時候》等等專輯，描寫的清一色是農村到工廠打工的辛酸血淚。資本主義工業化，以一種普遍性的姿態，將農村男女生命束縛於工廠內，並以日以繼夜的方式將其身上勞動力輾壓殆盡，因此，一齣放之四海皆準

● 1990年代中末期，在中國沿海工業區附近的小商店或攤販，時常可聽見各種以打工仔或打工妹為主軸故事的流浪歌曲的放送，並深受打工仔妹的歡迎。由於，當時沿海農民工的消費水平不高，因此只能購買得起盜版的卡匣音樂(圖片由作者收藏的盜版卡匣翻攝)。

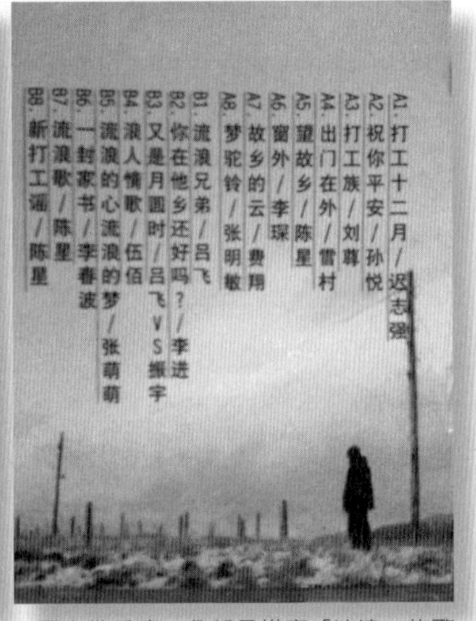

● 圖中幾乎清一色都是描寫「流浪」的歌曲，打工仔女的流動苦楚似乎可從歌曲音樂的流瀉中而獲得釋放。目前，中國沿海的打工女和打工仔，已經迅速地被主流華人地區商業歌曲給席捲，而當時那些在地特色濃厚的歌手也就逐漸式微(圖片由作者收藏的盜版卡匣翻攝)。

的工廠兒女心酸篇章，到處在新近工業化國家中上演著。

電子與紡織業裡頭，更是女工最常駐足與被胃納吸收之處。然而，女工要變成工廠「呼之則來，揮之則去」的自由勞動力之前，將女工身上的傳統枷鎖鬆綁的相對進步性破壞，就得成爲必經的前置手段。畢竟，農村困苦家庭的小孩，在等不及工廠大規模的設立以進入工廠工作改善家計前，從傳統過繼而來的改善生活手段：將女兒送進大戶人家當媳婦仔、養女或者童養媳[16]，更往往是台灣農村女性當時的寫照。這些女性無異是處於人身不自由的狀態，她們不僅是收養人家的奴僕般，更像是購買家庭的財產可供任意處分支配，養女淪落煙花界的故事，翻開台灣1950-70的歷史，信手拈來盡是此類令人聞之心酸的故事。

●打工仔妹回鄉之後，身上穿著相對「時尚」的服飾，以及打工賺錢購買的電視機，宛如是農村小朋友接觸外面多彩繽紛世界的潘朵拉盒一般，並在農村小朋友內心憧憬著沿海工廠打工的生活。沒多久，農村剩餘勞動力亦就義無反顧地向沿海工廠挺進而去(黃靜文攝)。

如同，1950年代相當轟動的台語電影《運河殉情記》，即是以從小被送去當養女，爾後再度被養母狠心販賣至煙花後街的女主角——陳金筷的眞實生命故事爲梗概劇本，而被何明基導演在1956年拍攝成電影。故事中，描寫了在藝旦間寶美樓上班的陳金筷，某次巧遇恩人吳海水後，發生當時社會所不

⓰「媳婦仔」與「養女」、「童養媳」都是漢人傳統農業社會裡一種特殊的女性角色，她們都是經由「收養」的程序，自小離開親生家庭，成爲另一個家庭的成員；所謂的「養女」是指那些被收養來當作女兒的女子；「童養媳」是指那些準備將來長大後，嫁給養父母的兒子而事先收養的女孩。「媳婦仔」則是福佬人的用語，和中文的「童養媳」相同，但是在台灣的北部及澎湖地區，「媳婦仔」不只是指「童養媳」而已，它也含有「養女」的意涵。這些地區的人們對收養的女孩——不論將來要讓她成爲女兒或者媳婦——在未結婚之前，一律稱她們爲「媳婦仔」。詳見曾秋美，《台灣媳婦仔的生活世界》，台北：玉山社出版，1998。

允許的不倫畸戀，最後相約跳進台南府城運河殉情。至於，台語歌謠中更有許多描寫被養母推向煙花界的女子心聲。《後街人生》一曲：

阮來到這個街市，黑暗酒家內；
雖然是爲著生活，有時也會悲。
夜半的陣陣冷風，吹入阮心內；
阮一生全無美夢，夜開的花蕊。
阮今夜爲妳花開，明夜爲伊開；
你那著替阮耽心，不免來掛意。
打碎的茫茫前途，由天來安排；
阮就是無主野花，所以亂亂開。
夜半來站在房內，目屎流抹離；
怨嘆著阮的運命，怎樣這呢歹。
流落的傷心目屎，若是盡的時；
阮就來提出勇氣，才會活落去。

另一首由蘇桐做詞發表於1950年的《母啊喂》，更是赤裸裸地描寫出父母狠心貪戀錢財，將女兒（當然更多是養女）推入火坑的故事。

父母貪著金手指（戒指），貪著台幣彼多錢，
將阮身軀賣出去，給人做著七逃物，
母啊喂！愛錢無想著女兒。……

爲了還給女性一個自由身，1951年7月24日，「台灣省保護養女運動委員會」遂在省政府預算支援扶持下成立，並由省議員呂錦花擔綱主任委員，隔年並在台北市成立「養女之家」[17]。事實上，對養女的保護除了是女權跟人權的觀念提升，使得這種前現代的封建產物必須被廢止，否則養女往往成爲淪落色情行業的中繼供給站外，女性勞動力的動員跟國民總體經濟發展掛鉤的現代化觀念，也開始成爲被拿來作爲論述主張的理由。

事實上，迨至1968年時，養女之家已經瀕臨解散，除了呂錦花省議員頭銜不再，省府得以免除議員壓力不再有所顧忌，且指稱養女之家位於北市境內，由省府預算支持難以被認可的口頭說詞外，省府背後的想像則是隨著經濟發展，女性就業會被從色情市場轉挪至工廠。是故，養女之家似乎不必再有預算以爲支持之必要。但是，弔詭的是，色情市場如酒家、舞廳、茶室、酒吧……以及妓院的不減反增，依舊猶如雨後春筍般增生，創造不少女性就業機會，這顯現出女性勞動力並非自然而然地就會轉進工廠裡頭成爲女工[18]。

爲了解決女性進廠就業遲滯的問題，1968年聯合國派駐我國經合會工作的人力資源問題專家史壯，就在台灣開展一項勞動力供需情形的調查，並企圖找出女性爲何不進工廠就

⓱〈成立養女之家保護養女工作研討，昨日開會正式通過〉，《聯合報》，1952.07.22，第五版。

⓲〔社論〕，〈養女問題應求實效：有感於「養女之家」面臨停辦的厄運〉，《聯合報》，1968.09.16，第二版；〈如何使婦女走進工廠？〉，《聯合報》，1968.09.24，第三版。

業的原因。同時，爲了從職業介紹的管道杜絕女性被轉介至色情場所，1969年9月4日，台北市傭工介紹商業同業公會，還發起一項自清運動大會並簽署一項「自清公約」[19]：

一、不介紹女工到不正當之公共場所（即茶室、酒家、酒吧、咖啡廳、舞廳、妓女户、私娼館等）工作及引誘婦女作不正當行為。

二、不欺騙僱主、不剝削傭工，按照政府規定收取介紹費。

三、不勾結無業遊民或無報備從業人員到處強拉傭工預收介紹費，違法拆帳行為。

四、不強拉傭工妨害其自由，擾亂社會秩序。

五、不介紹來歷不明者（無身分證、精神失常或有傳染病者工作，不留宿求職男女傭工）。

六、不販賣或介紹買賣典押人口。

七、凡求職傭工在登記後應即通知其家屬，及向台北市警察局戶口科呈報循環登記表以明瞭其服務處所。

這一系列的過程，都表明著色情行業與工廠對於女性勞動力的爭逐搶食的拉扯戰。職是之故，縱使斬斷了女性人身不自由的前現代桎梏，儘管恢復了自由身，但卻對自由到一

---

[19]〈傭工介紹業者自清·昨簽公約徹底革新〉，《聯合報》，1969.09.05，第三版。

無所有的女性而言，此些單調、紀律性高與工資低的工廠，離階級翻身依舊是遙遙無期；於是，相對高報酬的色情行業，仍舊可以不斷吸納那些受迫於經濟窘境的女性進駐，因此，屬於非生產性的色情行業，也就更加難以根絕。

■從女工到女作業員

從1960年代以來，工廠欠缺女工的景況似乎是一個長期的趨勢。色情行業對於女性勞動力的搶食吸納，是一直普遍存在的現象。以1979年由陳秋霞和秦祥林擔綱演出的《一個女工的故事》爲例，電影中即是以高雄加工區女工，和留學歸國的工廠未來接班人的感情爲經緯，並以陳秋霞的好友兼工廠同事因受不了誘惑，淪落舞廳上班當舞女的悲慘作爲對比參照，女工跟男主角最終也就上演了一齣情人終成眷屬的圓滿結局。此一故事，背後說著女工跟有爲的男主角間的階級鴻溝，相較起淪落舞廳穿著亮麗衣服，但卻悲慘的尋求快速致富的管道而言，實是小得多。

電影背後，不啻是透射出一種女工必須「甘願」的意識型態，賦予著一種好運降臨的美好想像，縱使好運仍然如同等待的果陀一般久候未至，也比起那些穿著入時、打扮妖豔的舞女的下場跟結局都來得好些。如同，1980年由陳小雲唱紅的《舞女》，由南部夜市流行到台北都會，更是描寫舞女的心情寫照。歌曲的背後似乎透露出工廠單調貧乏和低薪資的現狀，與社會上有錢大款之間的階級鴻溝，晉身舞女成了

● 一群在中國沿海打工過年回鄉的打工妹(黃靜文攝)。

當時女性一種無奈的就業轉進。

然而，1970年代中期，由於工廠勞動條件低劣，男女工奇缺，尤其電子工廠中時常鬧女工荒，在某場雇主座談會中，便有雇主提出將工人改成作業員，女工改成女作業員的情形，搬運工改成搬運員等等，並有人上書建議內政部直接更改名稱，但內政部以「勞工神聖，並無不妥」回應而無任何更動，但各工廠的招工廣告中，還是私自將女工名稱變更爲女作業員[20]。此外，由於1970年代兩次能源危機中，受

[20]〈勞工素質普遍提高．改變稱謂似有必要〉，《聯合報》，1976.03.07，第六版。

波及的經濟宛如大病痊癒般，反彈後勁強勢，工廠缺工情形更加嚴重，因此工廠長期在報紙刊登招工廣告成了普遍的趨勢。更有甚者，還有工廠爲了招工，在其廠長上司授意下被派至對手廠家佯稱工作，實則扮演起臥底挖角的任務。廠家爲了爭奪女性勞動力可說是無所不用其極[21]。

此外，由於女工作爲台灣出口導向工業化的前哨，出口競爭力往往是來自於低劣勞動成本的抵換，因此，工廠勞動條件境況實是不足以提供女性勞動力進駐的誘力。再加上當時工廠內部許多職災案件頻傳，除了淡水飛歌電子廠之外，高雄加工出口區三美電子及鳳山美之美電子公司女工也紛傳中毒死亡，因此重提工廠法或者草擬新的勞動保護機制遂成爲大家關心的重點[22]。直至，1980年代初，美國指控台灣缺乏勞動保護，利用廉價受剝削之工人進行「社會傾銷」（social dumping），造成台美間的「不公平貿易」，基於此，「勞動基準法」開始於1984年立法並付諸實行後，攸關女工夜間工作禁止和產假規定，每每引起許多工廠主的反彈[23]。從中可知，女性廉價勞動力的捕捉運用，乃是牽動跟攸關廠家企業利益的重要根本。

---

[21] 〈經濟復甦勞動力供不應求．爭取工人各工廠競出奇招〉，《聯合報》，1976.04.24，第二版。

[22] 參見財團法人社會發展文教基金會，《高雄市勞工史概論》，高雄市：高雄市政府勞工局，2001。

[23] 〈本報巡迴採訪第六站在高雄，多認爲勞基法對女工的規定有些不符實情，希能適當修正〉，《經濟日報》，1984.08.23，第二版；〈38家事業單位獲准女工夜間工作〉，《經濟日報》，1986.05.07，第二版。

●這群中國農村小朋友，或許在不久將來即將成為沿海都市工廠的勞動力哩(黃靜文攝)。

資本主義下人身自由的勞動力，雖說是「虛擬的商品」（fictive commodity），但據說勞工身上的勞動力，是可以在勞資雙方合意之下進行「自由買賣」，然而根據歷史看來，「買賣不成」的狀況時有所聞，並以各種勞資鬥爭跟對抗，例如罷工等爲表現。但由於台灣的戒嚴體制，勞工的罷工或組織工會權利被限縮或剝奪，女工只能以高流動率的跳槽以作爲對於無良雇主或惡劣工廠的報復，成爲戒嚴體制下的「弱者武器」（weapon of the weak）或「隱晦式造反」（hidden resistance）。

爲了對付此種個別性的造反狀況，因此，廠家或企業爲了確保每日勞動力的穩定供給跟有效給付，於是壓低底薪，並放大「浮動薪資」比例的設計，遂開始在工廠內部大行其道。誠如艾琳達的研究指出，1974年左右開始，台灣在電子或紡織等出口產業中產生一種新穎的薪資制度——「工作獎金」的採行，並往往佔據總薪資的20%之譜[24]。各種名目的工作獎金可以成爲一種調薪的方式，當然也可以成爲變相懲罰的方式——取消或降低此些浮動名目的工作獎金。

●中國沿海打工妹過年回鄉的路途，幾乎像是跋山涉水一般，才能抵達那偏遠的農村家鄉(黃靜文攝)。

於是，早期工人作家楊青矗關於女工一系列的小說，會將全勤獎金作爲女工縱使生病也得上工的有效剝削工具。縱使，醫生主動開具醫療病情的證明，讓女工得以請病假，但是女工往往會央求醫生「打支針，躺一下」，便可以回工作崗位繼續上工，無非就是爲那佔據每月薪資五分之一到八分之一之譜的全勤獎金[25]。女工每月薪資單上所顯現的薪資結

[24] 艾琳達，〈台灣女工生命史〉，收錄於《激盪！台灣反對運動總批判》，台北：前衛出版，1997，pp. 291-347。

[25] 參閱楊青矗，《工廠人》，台北：敦理出版社，1975；《工廠女兒圈》，台北：敦理出版社，1978；《工廠人的心願》，台北：敦理出版社，1979；《廠煙下》，台北：敦理出版社，1978。

構，是那麼的碎裂，必須由各項名目拼貼組合起來：全勤獎金、績效獎金、生產獎金、夜點費……，林林總總不一而足的獎金名目，成了捕捉控管工廠勞動力的重要手段。在此脈絡之下，年終獎金遂成了年度勞動力確保的策略之一，也難怪過年後的上班日，往往是工廠缺工的日子，畢竟領了年終的勞工可能早就跳槽到其他廠裡頭去了。薪資結構的設計，成了某種「勞資鬥爭場域」的拉扯表現。

當然，工廠也引進各種制度，企圖用人性與人情的社會包圍方式，讓女工受到更多的關係羈絆而降低不告而別的離廠，讓工廠招致人力不足的生產損失。因此，1972年4月，台灣松下電器成立BS（Big Sister）組織。BS按字義解釋是「大姊」的意思，「大姊」——這個充滿人情味的名詞，很容易令人聯想起家中那位對弟妹無限關愛，且深具擔當與奉獻精神的大姊。事實上，BS組織是把各單位職場（生產線上）員工，以15~20人爲一小組，然後，從每小組中甄選出一位，資深且具有高度服務熱忱的女性優秀從業人員擔任「大姊」。經過甄選出來的BS，由公司安排施予各項訓練，以加強BS的心理建設、統御、協調以及辦事能力。之後，松下電器乃於1978年4月，在成效良好的BS制度基礎上擴大編組，設立SC體系，BS與SC乃合稱爲BSC。SC是"Senior Companion"的簡寫，亦即「老大哥」之意。SC的產生及其肩負的使命與BS幾乎一樣，差別只在於SC是由男性擔任[26]。

此種類似工廠張老師的制度，隨後便被其他工廠挪用拷貝紛起效尤。而此些人情小組的設立，讓深受「勞工流動率」（turnover rate）折磨的工廠有了舒緩之契機。總之，女工或者女作業員，就在1960年代啟動的戰後工業化進程中，被深深地嵌入台灣此一國際加工平台的最前沿。當然，此些轉變並非一蹴可幾，亦非一步即可順利到位，而是伴隨著工業化所帶來的制度改變，一點一滴但卻全面性地在社會各角落裡頭拓展而成的。

如同當年《聯合報》的專欄作家童世璋寫了一篇〈工業下女吐痰〉的稿子，企圖點出日治時期延續到戰後的「下女」，雖在工業化過程中沒落，個別家庭再也難以招聘到下女服侍，此乃因下女幾乎都轉進到現代化象徵的工廠中了。儘管如此，童世璋卻感嘆著這群女工，雖被吸納進具有「現代化」意義的工廠中，但其吐痰行徑仍跟早期下女如出一轍，故以「工業下女」之名諱稱之[27]。童世璋以一種懷舊式的悲春傷秋筆調慨嘆著時代

●狹窄擁擠的居住空間，讓打工仔得高度利用各種空間曬衣服。圖中那位打工仔宛如表演曬衣特技般，站在陽台上頭曬衣服(著者攝)。

㉖ 季季、彭碧玉、丘彥明採訪，〈大特寫：婦女節專訪．她們——女作業員的文藝生活〉，《聯合報》，1979.03.08，第十二版。

㉗ 童世璋，〈工業下女吐痰〉，《聯合報》，1969.06.28，第九版。

的風雲變色，但同時又不滿於工業化時代爲社會帶來新文明的同時，舊社會的「下女慣習」卻被保留下來，而在染泛著酸溜的筆尖中，透露著對女工的鄙夷心情。但不可否認的是，戰後資本主義工業化帶來的全方位轉變，仍舊是以滾動的歷史齒輪般，向舊有的文化慣習與制度無情地輾過摧毀。

姑且不論，色情行業對女性勞動力的搶奪乃是一直存在的實情，抑或免除了傳統人身桎梏的女性，是否是基於自動的意願而走進工廠，總體而言，女工在工業化轉輪驅動下，早已一卡車、一卡車地被送往生產線上，並配合著流水裝配

● 1990年代的中國沿海工廠，招工紅單幾乎一年三百六十五天都張貼著，每天工廠門口都有農村少男與少女向工廠詢問招工事宜。圖片工廠在台商密集度最高的東莞市厚街鎮的工業區(著者攝)。

●高雄加工出口區女工宿舍。目前，此一女子宿舍以居住「外籍勞工」為主(廖沛怡、著者攝)。

線的往前滾動，從事著日以繼夜的單調、簡單與紀律化的作業了。於是，是「被作業員」而非作業員在這過程裡頭被大量地創造出來。

■性政治下的階級衝撞

1970年代的台灣，仍然處於節育運動的高峰期，抽鑰匙聯誼與機車郊遊等男女社交活動，被繪聲繪影地誇張化爲淫穢的「鑰匙俱樂部」，在在是爲了讓那時作爲主要出口的電子和紡織成衣業的女工，安分且甘願地以「女工」身分待在工廠內接受每日的勞動剝削。此乃因，1970年代的台灣受到兩次石油危機的衝擊，經濟多番跌蕩起伏，但是在渡過危機期之後，一下子出口訂單急速湧入台灣，招致電子業和紡織業廠家遭受女性勞動力不足之影響，或者一直受制於高勞工流動率所導致的生產不穩之累。直至1980年代，以地皮、股票、大家樂和六合彩支撐起的新興投機式經濟與泡沫，進一步讓社會大眾處於心理浮動的狀態中，讓進廠當工人成了相當不合算的舉措。

脫離傳統社會空間轉進到工廠新天地之中的女工，其流動的身體、抑或透由經濟相對獨立而來的裝扮改善，以及據

● 工廠區旁邊的簡陋攤販，便是打工仔妹公餘時間消遣休閒的好去處，當然攤檔販賣的清一色皆是最劣等或盜版的各項物品(著者攝)。

此追求自己慾望與身體的支配權力，帶來了資本家、工廠主或統治者失控的恐慌；因此，重塑一種對女工身體的控管，對於佔據統治位置的官僚與資本家遂有其必要性。

據說，「文明的」布爾喬亞資產階級，需要一個不文明的和落後的被殖民者來襯托哄抬；以前下女或養女的管束在家庭內部完成即可，如今拋頭露面成爲勞動力市場上自由勞工（free labour），再加上缺工危機的催化，讓既有管束規訓的態勢有鬆動之危機，在在引起社會上的統治階級與資本主的恐慌。於是，性作爲原始野性的象徵，本就難以駕馭，一旦情慾逃逸出工廠之外，男女情愫催化蔓延而離去的女工，不僅會進一步深化缺工的破壞性效果，同時也鬆動了家庭計畫的節育馬奇諾防線（喻牢不可破的防線）。況且，男女工透由機車郊遊聯誼的形式，使得男女工人之間有跨廠形成工人連帶之虞；因此，「女工」被建構成爲所謂未開化的潛在性氾濫者——一種需要重新被殖民的階級身體。如果，殖民指涉的是一種被看管狀態和教化的話，那麼，套上節育、衝破家庭計畫政策、性亂交以及性氾濫爲名的緊箍咒，並催念著性道德恐慌症以妖魔化此種「鑰匙俱樂部」的方式，將讓潛在乖離不馴的工廠女工自動繳械歸隊。

細緻一點來說，過往被畜養的下女、養女或媳婦仔，身體及身體中內嵌的每個部分都是被管束在家庭範圍內的，但是，資本主義工業化帶來了不同的統理機制和邏輯，女工身體勞動力是被販賣的。然而，其身體中內嵌的許多部分卻無法被工廠主徹底捕捉（如性）；是故，縱使工廠主透由購買勞動力而獲得勞動的全部，性仍然是唯一無法被攫獲的部分。以現今看來再稀鬆平常的「抽鑰匙聯誼」，會被繪聲繪影地轉譯成淫聲浪語的「鑰匙俱樂部」，就顯現了一種以性爲表現，重新對女工及其身體進行管束的階級戰爭。

事實上，對於女性身體逃逸出資產階級男性掌控而生的「性恐慌」，及其各種現今看來的荒謬回應，在在指出了1970年代資本主義工業化，以及由其展演的所謂「現代化」的歷史轉輪，早已不隨個人意志爲轉移地往前行進轉動，並以鑲嵌於女性身體之上的「性」爲道德秩序的戰場，展開了一場新舊觀念及其身體規訓的戰爭。對於那時代女性的性需求表現，統治階級性道德恐慌症的背後，其實也巧妙隱含著統治者對統治「去勢/失能」的恐懼心情。因此，在當時的嘲諷與批評時政的敢言政論雜誌《雄風》中，這篇名爲〈重視陰道搔癢症〉[28]的挖苦短文，便用那下流的三言兩語但卻不失經典的反諷，一舉暴露了統治/資產階級男性陽痿（統治失能）的焦慮：

> 女人易患陰道搔癢症，是社會罹患癌症的徵兆。尤其工廠女工與在校女學生，患陰道搔癢症者與日俱增。
>
> 預防盤絲洞搔癢症有如下幾方妙藥：
>
> 一、消滅專搔陰道、專搓龜頭的黃色流行歌。

[28] 東方客，〈欲蓋彌彰集——重視陰道搔癢症〉，《雄風》第九期，頁31，1974.09。

二、女人應自動毀棄高蹺鞋、露背裝與迷你裙，換上中庸古裝，以防男人的勇猛攻勢。

三、每天撥時，集合女工與女學生唱歌（非流行歌）、跳舞（非交際舞）、打球、學會話、看書、舉辦文藝競賽。

四、工人的生產線上應有木石、彩色風景圖畫種種視覺調劑。

五、誘導學生愛讀書、誘導工人愛上進。

在此脈絡下，省議員林漢周遂在1980年提出質詢，要求有關單位和救國團必須進駐工廠裡頭，提供女工各項的知識與休閒[29]，企圖搶奪女工對自身身體的自主支配權力，希冀將其野「性」再次收束於工廠領地之中。誠如，從事酷兒（queer）和性別研究的學者何春蕤所言：「從歷史的發展看來，當社會急速變遷，人際組合的關係動盪調整之時，『性』經常被視爲變遷動盪程度的象徵指標。換句話說，性領域中激烈進行的道德爭戰，也是各種新舊觀念規範的殊死戰；而且，性領域的開拓或緊縮，往往也預示了政治或其他領域未來的運作空間。」

儘管，當年報章雜誌、有關當局、民意代表與工廠主聯手，將那些騎著野狼125或雄師125出遊的男女工，希冀以性亂交爲名的指控將他們緝捕回工廠；然而，由她們領頭奔馳

[29]〈性氾濫沖毀家計堤防．年輕男女工製造娃娃〉，《聯合報》，1980.10.30，第五版。

的摩托車聯誼，卻也義無反顧地將歷史領向那個台灣民間力量風起雲湧的，政經社會情勢幡然易幟的1980年代。領著我們走向前的，據說是那些教育、文化社會政經背景比較低下的女工。下次，機車聯誼前，別忘了「抽鑰匙」，當然更別忘記在台灣歷史上，那個曾經首創風氣之先的女工，及其用身體性政治（sexual politics）對體制的衝撞啊！

2006.03.01，荷蘭萊頓

台灣國民文化運動

Let Taiwan be TAIWAN

台灣人應該覺悟，台灣建國之路，絕不能完全寄望在政黨與政治力量。台灣主體性的根源問題以及台灣國民靈魂的集體形塑和進化，是國家永遠不可動搖的基石，應該從文化奠基，經由社會覺醒才能眞正實現。

讓台灣成爲主權獨立的新國家，讓台灣人受到世界各國的尊敬是台灣運動者的最高目標。在當下媒體與教育的生產和市場價値體系仍受中國文化種族主義信仰的管控下，必須重新啓動台灣知識文化的第二波心靈改造進化工作，重新建構台灣人主體性文化符號價値的生產與市場價値體系，以形塑一代接一代台灣人的靈魂品質。基於此，我們發起「台灣新文化知識運動」，希望海內外台灣人共同爲台灣文化根源的生命力播下種籽，直到開花結果。我們建議各位台灣志士共同以下列方式，一起努力。

一、寫作並發表培育台灣人意識，或啓蒙人類共同普遍價値的心得或研究。

二、發行推動本運動的刊物及網站。

三、捐助推動本運動的資金。

四、每年至少以台幣一萬元購買台灣文史書籍，強化台灣意識。

五、過年過節希望以送書取代禮物。

六、普遍設置家庭圖書館。

七、成立社區讀書會的結盟組織。

台灣國民文化運動

黃文雄(Ko Bunyu)敬致海內外有志書

各位兄姊前輩：

歷經戰後的60年，建構今日台灣社會的，無疑仍是國民黨的黨國體制和中國的傳統文化，因此，即使政權已經輪替，朝野之間政治、社會的改革仍然未竟其功，吾人對現政權不能抱持多大期待之處，仍所在多有。

的確，今日台灣社會，是依各種各樣社會、時代背景的要因建造起來的，其中最具強大影響力的，就是完全由中國人執其牛耳的教育及大眾傳播媒體，那是今日台灣實質上的第一權力。現政權也因汲汲於迎合這些歪曲的言論而左支右絀。

不用說，環繞著目下台灣的內外情勢，台灣自身也是問題重重，從台灣人自身的認同問題起至做爲國家的國際認知問題，台灣要面對的21世紀的課題確實很多，因此，吾人迄今爲止，對以上的諸問題，非加緊努力不可。

就此，數年來，吾等在海外有志之台灣人，一再檢討、討論的結果，獲得了台灣問題相較於政治面而言，文化面實在更爲切要的結論。擁有共同的普遍的價值觀固然重要，比此更重要的台灣人的主體性、更進一步的台灣人意識的養成才是先決的要務。

培育受世界尊敬的台灣人當然必要，但是決非容易之事，這一點，我們也知之甚詳。

本來，這是政府應該做的事情，但是，我們實已不再冀待，於是，我們認為作為一種運動，非致力於所有力量的集結，並考量其意義不可。

人的培育，也應從青年開始，更進一步推及到從幼少年開始。

沒有大眾媒體的我們，打算從小眾媒體出發。

所以，我們決意從台灣國民文化運動開始，以台灣人意識育成運動作為母體，集結所有的力量來踏出我們的第一步。經過數年的嘗試錯誤，從「抱持台灣魂魄」的「新國民文庫」的刊行開始，慢慢地充實這個運動的內容，一邊展開眾意的尋求和凝聚，這就是我們預定要做的事情。

以下三件，是有賴於諸位兄姊前輩具體協力的事項：

一、寫作並發表培育台灣人意識，或啓蒙人類共同普遍價值的心得或研究。

二、協助推動發行本運動的刊物。

三、捐助推動本運動的資金。

有關第三點，以日本及美國的有志之士為始，我們已經獲得50多人的支持，目前贊同人數正不斷遞增中。我們誠盼希望能達到100人以上的陣容規模。

以上，還乞諸位兄姊前輩不吝惠賜有關推展本運動的具體的卓識高見。

衷心祈願您的協力與參與。

黃文雄一同　拜上

台灣國民文化運動

【新國民文庫】出版基金

主催：黃文雄（Ko Bunyu）

計劃：本著台灣精神・台灣氣質意旨，五年內將出版100本台灣主體意識、國民基本智識及文化教養啓蒙書。

参與贊助基金：每單位日幣10萬元、美金1千或台幣3萬以上。

贊助人權益：基金贊助人名單將於每本新國民文庫叢書上登載。並由台灣國民文化運動總部製頒感謝狀一幀。贊助人可獲台灣國民文庫陸續出版新書各1部，享再購本文庫及前衛出版各書特別優惠。

日本本舖：黃文雄事務所

〒160－0008日本東京都新宿區三榮町9番地

Tel：(03)33564717　Fax：(03)33554186

e-mail：humiozimu@hotmail.com

台灣本舖：前衛出版社

10468台北市中山區農安街153號4F之3

Tel：(02)25865708　Fax：(02)25863758

e-mail：a4791@ms15.hinet.net

http://www.avanguard.com.tw

NC 45

自治是原住民族的唯一活路

作者：布興・大立
定價：300元

以原住民族人、原住民教會牧師、原住民神學教育家、原住民社會運動者的多重身分，告訴台灣社會一個事實：原住民已瀕臨滅絕，自治是原住民的唯一活路！本書從「部落」談起，帶領讀者了解原住民的傳統部落：部落究竟是什麼？爲何能在台灣運作千百年之久？又是如何透過語言、文化、歌舞、傳說、神話等生活教育，來孕育原住民？沒有部落，會有眞正的原住民嗎？在當今的台灣，原住民族自治可能嗎？對此一議題感興趣者，本書伴你一起深思！

NC 46

探索基督教信仰

作者：董芳苑
定價：300元

本書從認識基督教的經典：《新、舊約聖經》幫助讀者入門，進而探討以色列的歷史去了解舊約、分析新約中耶穌神跡的眞義、探究基督教的禮儀與治療觀，另述及加爾文主義的歷史及其對教會的影響、基督教人性原罪論對家庭倫理、家暴及性侵害等問題的思索，並介紹摩門教、耶和華見證人、統一教會三種在台灣最大的類似基督教……上述議題將有助於讀者確立健全的宗教價値觀。

NC 47

劃破時空・看見台灣來時路

作者：國家文化總會
定價：300元

土地不在大，時間未必長，人傑則靈！
在各領域寫歷史的名師，首度共聚一堂。
以其睿智、具實踐力的筆。
爲我們劃破台灣的前世今生。
翻開這本書，你就能透視自己與台灣的大未來。

國家圖書館出版品預行編目資料

黨國治下的台灣草民史／陳奕齊著.
--初版.--台北市：前衛，2010.02
264面；15×21公分

ISBN 978-957-801-638-5（平裝）

1. 平民階級　2. 社會生活　3. 台灣史

733.41　99000928

黨國治下的台灣草民史

著　　者　陳奕齊
責任編輯　陳淑燕
美術編輯　宸遠彩藝
出 版 者　台灣本鋪：前衛出版社
10468 台北市中山區農安街153號4F之3
Tel：02-2586-5708　Fax：02-2586-3758
郵撥帳號：05625551
e-mail：a4791@ms15.hinet.net
http://www.avanguard.com.tw
日本本鋪：黃文雄事務所
e-mail：humiozimu@hotmail.com
〒160-0008 日本東京都新宿區三榮町9番地
Tel：03-33564717　Fax：03-33554186
出版總監　林文欽　黃文雄
法律顧問　南國春秋法律事務所林峰正律師
總 經 銷　紅螞蟻圖書有限公司
台北市內湖舊宗路二段121巷28、32號4樓
Tel：02-27953656　Fax：02-27954100
出版日期　2010年2月初版一刷

定　　價　新台幣260元

Printed in Taiwan　ISBN 978-957-801-638-5